社会人1年目から知っておきたい会社のこと

正しい「働き方」はどっち？

職種を問わず一生使える
働き方の基礎知識
50

特定社会保険労務士
中小企業診断士
福田裕史 著

中小企業診断士
赤城正孝 監修

「働く」ということ

「働く」ということは、誰かのためになること。
給料をもらうためだけじゃない。
自分がしたことが誰かの役に立つから、
その瞬間、自分の心も満たされる。
うまくいかない日があっても、
そのひとつひとつが君の未来をつくっている。

怒られる日があれば、それは君が見られている証拠。
期待されているからこそ、
投げかけられる声がある。

迷うことも、戸惑うことも、
すべては君の力になる。
いくつもの小さな言葉が、いつか大きな力になる。

「働く」ということは、つながること。
誰かと心を通わせ、
自分の道を一歩ずつ進めていくこと。
その道の先にある未来は、
きっと、みんなの光で満ちているはずだ。

目次

第2章 入社したら確認しよう！　働くルール

第3章 新しい働き方

第4章 会社を休みたいとき

第5章 職場でのピンチの場面

第6章

第7章

第8章 業務や通勤でケガや病気をしたとき

第9章 退職や失業したとき

第10章 歳を重ねたときの生活は？

第1章

社会人として、会社で働くということ

15歳以上の人口で、働いている人の割合は6割以上といわれています。
会社で働くということはどのようなことなのか、見ていきましょう。

新入社員として社会人生活を始めたばかりの頃は、期待に胸を膨らませるものです。輝かしい未来が待っています。しかし一方で、仕事や人間関係、あるいは自分自身について悩むこともあります。

ここでは、はじめに社会人基礎力やキャリア形成といった社会人としての基本的なスタンスを解説します。そして、その先にある配置転換や転職といった働き方についても考えることにします。

仕事にどう取り組むか、仲間とどう協力するか、自分に合った働き方をどう見つけるかを考えることは、よりよい社会人生活を送るための第一歩です。仕事とプライベートのバランスや長期的なキャリア設計を見据え、あなたの可能性を広げるためのステップです。自分らしい働き方を見つけてください。

Q1

社会人基礎力ってなに？

入社式からしばらく経つけど、ほかの新入社員はみんな張り切ってるなあ。みんな仕事ができそう……。みんなとどう付き合っていったらいいかなあ……。

みんなとチームワーク第一で働く

どっち？

ひとりでコツコツがんばる

会社ではどっちのスタイルが求められているのだろう？

状況や自分のやるべきことに応じて柔軟に取り組む！

チームか、ひとりか、迷いますよね。なかなかチームに溶け込めないこともあるでしょう。ここでは、考え方のヒントをお伝えしましょう。

❶チームで働き、信頼関係を築こう

チームワークでは、コミュニケーション能力が求められますよね。これは社会人にとって最も大切なスキルと言っていいでしょう。チーム内で信頼関係を得ることは、将来的にも大きな財産となります。また、他のメンバーの知識や経験を共有することで、自分の視野が広がることもあります。

❷ひとりでコツコツ、スキルを深めよう

責任を持って一つの仕事をやり遂げなければならない場面では、ひとりでの作業が求められます。ひとりで成果を出すことは、能力を認めてもらう大切なポイントにもなります。自分のスキルを深めるチャンスでもあるのです。

第1章 社会人として、会社で働くということ

社労士からの専門的な アドバイス

「社会人基礎力」が求められている！

現代社会は「**人生100年時代**」と呼ばれるように、一人ひとりが働く期間や学び続ける期間が長くなっています。そこで求められるのが**社会人基礎力**です。これは職場や社会で信頼され、長期にわたって活躍するための土台となる能力を指します。経済産業省は、この基礎力を新たな時代に適した形で提唱しています。社会人基礎力として3つの能力を解説します。

❶ 前に踏み出す力

これは主体性や実行力を指します。課題に対して積極的にアプローチする姿勢です。

具体的には、自分で目標を設定し、それに向けて行動を起こすことや、失敗を恐れず挑戦し続ける姿勢です。たとえば、上司の投げかけに対して「やってみます！」と前向きな姿勢を示すことが該当します。

❷考え抜く力

現状を正しく認識し課題を明確にすることで、適切な解決策を導く力です。論理的思考や計画性、そして課題解決のプロセスを完遂する力が含まれます。具体的には、「なぜこの業務をするのだろう？」と疑問をもち、効率的な方法を見つけることが該当します。

❸チームで働く力

これはコミュニケーション能力や協調性を発揮して、チームのメンバーと連携しながら目標を達成する力です。たとえば、相手の話を丁寧に聴く傾聴力、意見の違いや立場の違いを理解する柔軟性が挙げられます。新入社員にとっては、まず上司や先輩の話をよく聞き、自分の意見を簡潔に伝えることがスタートポイントとなります。

米ドジャースの大谷翔平は、チームのメンバーに愛されながら、個人の成績を伸ばしていますね。あのようなスタイルを目指したいものです。

Q2

目の前の仕事？　将来のキャリア？

上司や先輩から教えられる仕事を覚えるのに精一杯。
あまり先のこと、考える余裕はないなあ……。

とりあえず、
目の前の仕事をがんばる！

どっち
？

目の前のことより、
将来の自分を考える

自分のためにはどっちが
いいのだろう？

先輩からの アドバイス

将来の自分のために、いま目の前の仕事を積み上げよう！

❶ 目の前の仕事に集中し、信頼を積み重ねよう

まず、今の仕事に全力を尽くすことは、周囲からの信頼につながります。それだけでなく、自分のスキルアップになると考えよう。一見地味に見える仕事を積み重ねるからこそ、大きなチャンスが巡ってくるものです。

目の前の仕事を頑張る姿勢を貫くことは、長いキャリアの中で大きな強みになるよ！

❷ 将来の自分にどうつながるかイメージしよう

一方で、将来の自分を考える時間を持つことも必要だね。自分がどのようなスキルを身につけたいのか、どの分野で活躍したいのかを見据えた上で、現在の仕事をどう位置づけるかを考えよう。今の仕事が将来の自分にどのようにつながるのか意識すると、日々の業務へのモチベーションが高まるよ！

僕たちは、目の前のことをがんばっているきみの将来を応援したいと思っています！

自分のキャリアは自分で決める！

現代の社会はとても変化が激しくなっています。技術革新や経済のグローバル化により、一つの企業や職種で、**終身雇用**が保障される時代は過ぎ去りつつあります。ライフステージや社会の情勢に合わせて何度もキャリアを見直すことが必要になります。与えられた仕事だけに取り組む受け身の姿勢ではなく、自分の将来を見据え、それを実現するために行動する主体的な姿勢が求められています。では、キャリアを自分で切り開くためには何が必要でしょうか。

❶ 自分を知ることから始める

日々の業務の中で、自分はどのような仕事が楽しいと感じるか、どのような役割で高い成果を出せるか、などを意識してみましょう。自分を知ることで、キャリアにおける方向性が見えてきます。

❷目標を設定することが大切

長期的な目標がなくても、小さな目標を設定することから始めてください。新しいスキルを学ぶ、リーダー業務を経験するなど、具体的で達成可能な目標を作ることで、日々の仕事が単なる作業ではなく、自分の成長につながるステップになります。

❸挑戦を恐れない姿勢を持つ

新しいことに挑戦すれば失敗することもあります。しかし、失敗は学びのチャンスです。挑戦を重ねることで自分の視野が広がり、将来の可能性が広がります。他の部署への異動や新しいプロジェクトへの参加は貴重な経験になり、人脈を得る絶好の機会です。

❹周囲を活用することを忘れない

キャリアを自分で切り開くといっても、すべてを一人で行う必要はありません。上司や先輩に相談したり、同僚からフィードバックをもらうことは、自分の考えや行動を見直すきっかけとなります。上司や先輩があなたの能力を認めて、あなたの就きたい仕事に推薦してくれるかもしれません。

また、異なる意見や価値観を持つ人たちと接することで、よりキャリアの選択肢が広がるでしょう。

Q3

配置転換はチャンス？

先輩が係替えになった。自分もいつか係替えになるのかな……。
自分の希望は会社に伝えたほうがいいのかな……。

長く一つの部署で、専門性を磨き続ける

どっち
?

いくつかの部署を経験し、多くのスキルを身につける

将来の自分のためには
どっちがいいのだろう？

スペシャリストとゼネラリスト、それぞれのメリットとデメリットを理解しよう

❶専門性を磨き、自分の価値を高める

特定の分野で深い知識やスキルを身につけ、エキスパートとしての価値を高められるのがメリットだね。その道を究めることで、会社内での存在感を高めることができます。他の会社や業界でも活躍できる可能性も広がります。

一方で、限られた分野で視野が狭まるデメリットもあるから注意しよう。

❷いくつかの部署を経験し、視野を広げる

幅広い知識やスキルを身につけ、会社全体のしくみを理解できる点がメリットだね。将来マネジメント職を目指すなら、多角的な視点や部署間の調整能力が大きな強みになる。ただし、深い専門性が身につきにくいのがデメリットですね。

転勤や係替えに関して、会社はどのように考えているのか理解しておくといいね。この点は、社労士さんに聞いてみよう！

社労士からの専門的なアドバイス

転勤や係替えは新たな可能性のチャンス！

初めて**転勤**や**係替え**と聞くと、不安な気持ちになるでしょう。しかし**配置転換**は、会社で働く人の成長のためには大切なイベントです。配置転換は社員個々人にばかりでなく、会社にとっても大きな意味があります。

❶スキルアップやキャリア形成の支援

異なる業務や環境を経験することで、新しいスキルや知識を身につけるチャンスです。自分の可能性を広げることにもなります。

❷組織のバランスを保つため

会社は人員の過不足や事業の変化に応じて、人材を最適に配置する必要があります。配置転換は会社全体としての生産性や効率性を高める手段です。

❸マンネリ化の防止

同じ仕事を長い期間続けると、モチベーションが低下したり成長が止まってしまうことがあります。配置転換が刺激となり、意欲を高めることができます。

配置転換は、自分のキャリアを築いていく上で貴重な経験です。異なる業務や職場に身を置くことで、新たな視点が得られ、長い目で見て成長につながります。自分でも気づかなかった能力が、花を咲かせる可能性もあります。**もし配置転換を言い渡された場合には、まずポジティブに受け止め、与えられた環境の中で自分が成長できるポイントを見つけてください。**また不安がある場合は、上司や人事部に相談することで解決策が見つかることもあります。

▼一般社員層の異動配置に関する方針

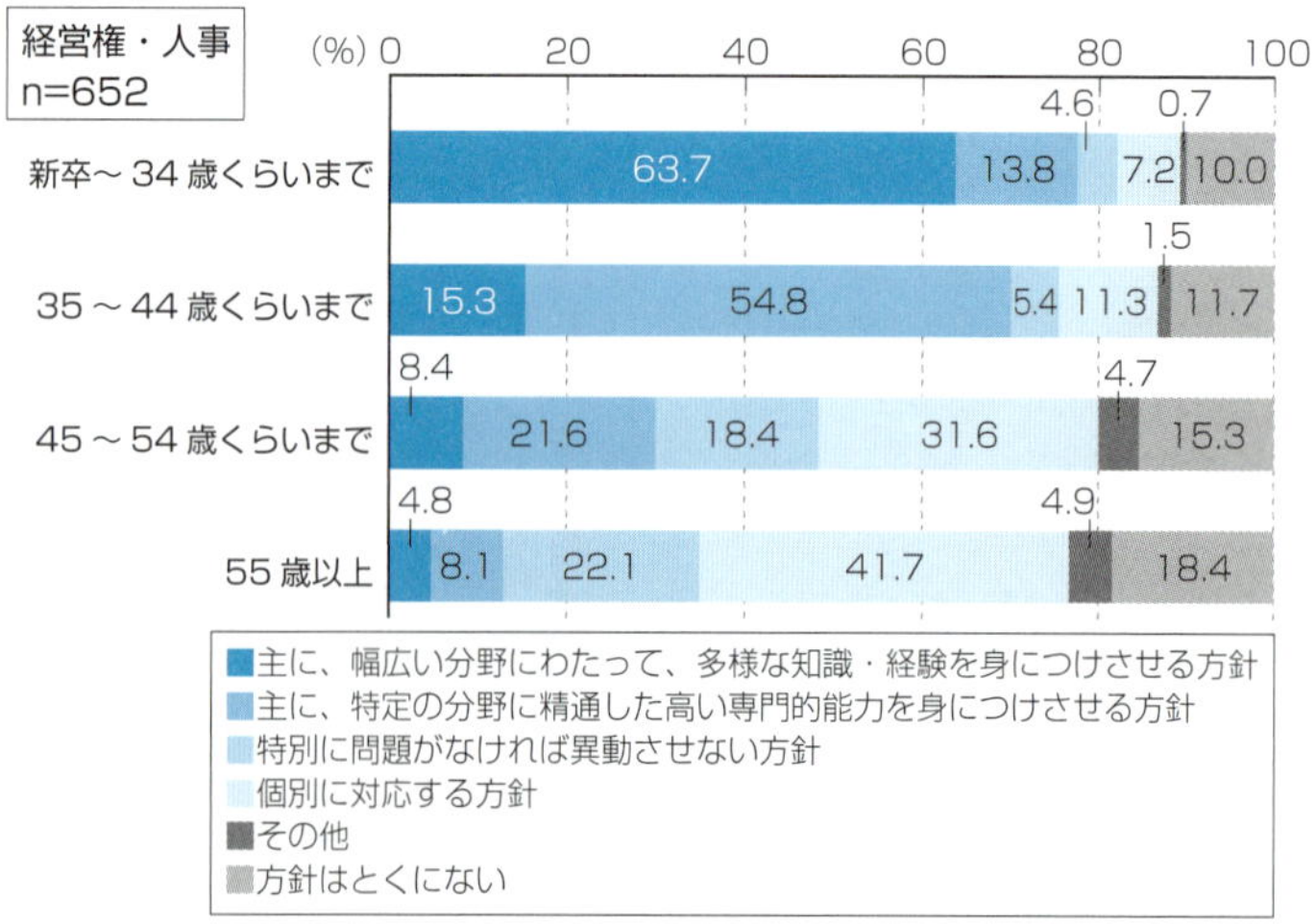

出典：パーソル総合研究所「一般社員層（非管理職層）における異動配置に関する定量調査」を元に作成

Q4

転職は考えるべき？

先輩が転職した。今の会社が嫌だったようだ。
自分は一生この会社で働くのかな……。
それとも自分も転職するのかな……。

一つの会社で長く働く

どっち？

いくつかの会社を経験する

自分のキャリア形成のためには
どっちがいいのだろう？

先輩からのアドバイス

「今すぐ転職！」は慎重に！

先輩が転職するのを見ると、自分はどうすべきか迷うこともあるよね。転職について考えることは、社会人としては自然なことです。

一方で、今すぐ転職すべきかについては慎重に考えよう。新入社員の時期は仕事に慣れるのに時間がかかるから、最初の1～2年は戸惑いや不安を感じるのが普通です。この時期に自分に合わないと判断するのは早計かもしれないね。一定期間働いてみると、会社や業務について深く理解できるようになります。そして、この職場が自分に合っているかどうか見極めることができます。また、現職での経験をしっかり積むことで、次の転職先でも活躍する可能性が高まります。

転職のメリットとデメリットについては、社労士さんなどの専門家にアドバイスを聞いてみると参考になるよ！

それぞれのメリットとデメリットを理解しよう！

転職を考えるときに大切なのは、転職はゴールではなく手段であるという意識を持つことです。転職は現状の不満を解消するための方法の一つです。しかし、安易な転職は必ずしも満足のいく結果をもたらすとは限りません。**転職の目的を明確にし、自分が本当に何を求めているのかを考えることが重要です。**

また、一つの会社で長く働くことと、複数の会社を経験することは、それぞれメリットとデメリットがあります。よく理解したうえで、どちらが自分に合っているかを考えることが大切です。

❶ 一つの会社で長く働くメリットとデメリット

一つの会社で長期間働くことで、業界や会社特有の知識やスキルを深く身につけることができます。また、社内での信頼を築きやすく、昇進や昇格のチャンスが増える可能性があります。特定の企業文化に慣れることで、安定感を感じながらキャリアを進めることができる点も魅力です。

ただ、一つの会社で長く働いていると、これ以上自分が成長することが難しいと感じることがあるかもしれません。そう感じたときは、思い切って転職を検討するのも選択肢の一つとなります。

❷複数の会社を経験するメリットとデメリット

複数の異なる環境で働くことで、自分の適性や興味をより深く理解することができます。また、多様なスキルや価値観を吸収することもできます。幅広い人脈を築くことができるのもメリットの一つです。特に、自分が将来どの分野で活躍したいかが明確であれば、成長のために転職を経験するのは有効です。一方で、転職にはリスクも伴います。新しい環境に適応する負担や、転職先が必ずしも思っていたとおりの職場であるとは限らない点などです。

Q：あなたが転職するとしたら、転職した先で活躍する自信と不安はどちらが大きいですか？

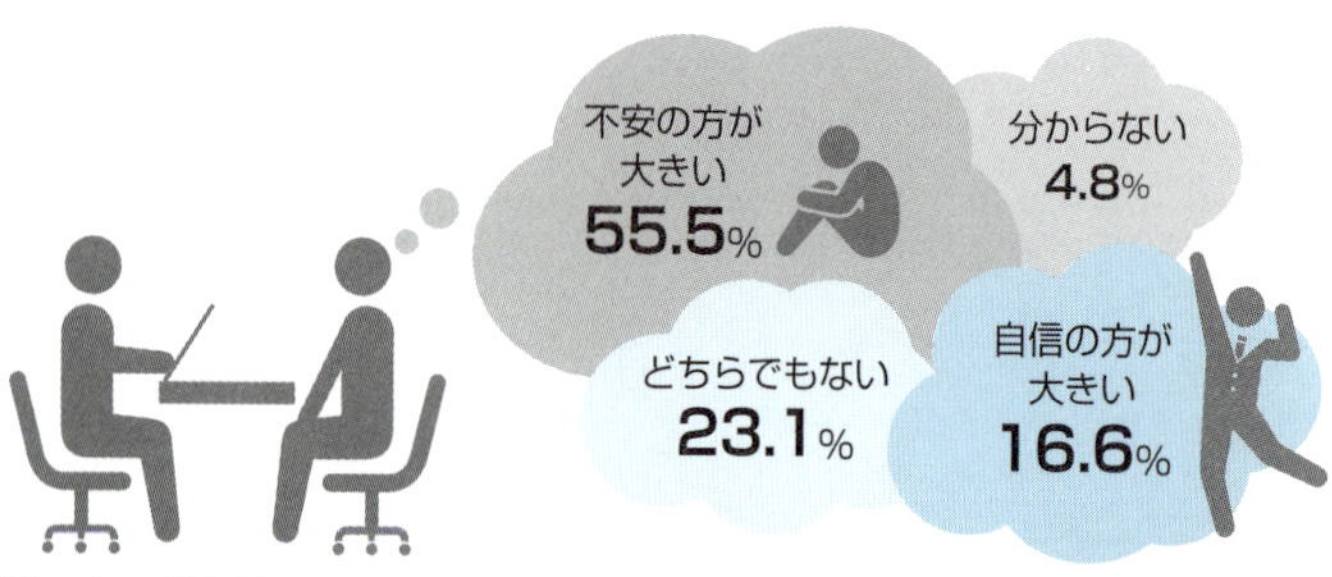
不安の方が大きい 55.5%
分からない 4.8%
どちらでもない 23.1%
自信の方が大きい 16.6%

出典：doda「ビジネスパーソン2,000人の転職意識調査」を元に作成

Q5
仕事中心？　プライベート重視？

上司や先輩は、週末に山登りやＢＢＱなど
楽しんでいる人が多いな。
仕事が大変だけど、プライベートも楽しみたいな……。

会社のために、仕事第一でがんばる！

どっち
?

仕事よりもプライベートを楽しむ

会社と自分、どっちを
大事にしたらいいのだろう？

仕事とプライベートは、バランスが大切！

会社のためにがんばるか、それともプライベートを優先して楽しむか、迷っているんだね。でも、どちらか一方に偏る必要はありません。仕事とプライベートのバランスを取ることが重要です。両方を充実させることを心がけよう。

❶ 会社のためにがんばることの意義

仕事に真剣に取り組むことで、スキルが身につき自分の成長につながります。信頼を得ることで、キャリアアップのチャンスも増えます。特に若い時期は、努力した分だけ自分の成長を実感しやすい時期です。だからといって、働きすぎは心と体の健康のバランスを崩すことがあるので注意しましょう。

❷ プライベートを楽しむことの大切さ

プライベートが充実すると、仕事へのモチベーションが高まるよね。趣味や友人との時間を大切にすることで、新たな視点で仕事に取り組むことができます。リフレッシュも大事だよ！

ワークライフバランスを理解しよう！

みなさんは、**ワークライフバランス**という言葉を耳にしたことがあると思います。これは、仕事（ワーク）と私生活（ライフ）のバランスを取り、どちらも充実させることを目指す考え方です。現代社会では、上手くバランスをとることが個人の幸福だけでなく、企業の持続的な成長にもつながると認識されています。ここでは、ワークライフバランスの重要性や実現するための方法をお伝えします。

❶ ワークライフバランスの重要性

・**健康維持と仕事のパフォーマンス向上**……過度な残業やストレスは、心や体に悪影響を及ぼします。適切な休息を取り趣味や友人との時間を楽しむことで、精神的にも肉体的にもリフレッシュされ、仕事の効率が向上します。

・**多様なライフスタイルへの対応**……ワークライフバランスは、ライフステージによって必要性が異なります。たとえば、育児や介護をしながら働く人にとっては柔軟な働き方が重要です。新入社員のみなさんは、早い段階からバランスを意識し、自分に合った生活スタイルを見つけることが将来の安定につながります。

❷ 実現に向けたポイント

・**仕事の効率化**……時間内に仕事を終えるために、タスク管理や優先順位の設定が重要です。また、限られた時間で成果を出すスキルを磨くことで、長時間労働に頼らない働き方が可能になります。

・**休暇制度の活用**……さまざまな休暇制度を活用することが推奨されています。特に、有給休暇の取得は法律で決められた労働者の権利となっています。

・**新しい働き方の活用**……働き方改革により、フレックスタイム制やテレワークなどが積極的に導入されています。自分のライフスタイルに合わせた働き方が可能です。

■「理想的な」ワークライフバランス
全体回答：796人

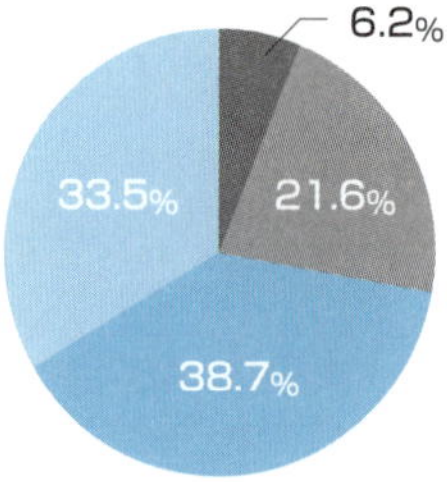

理想は「プライベート重視派」が
多数で **72.2%**

■「実際の」ワークライフバランス
全体回答：796人

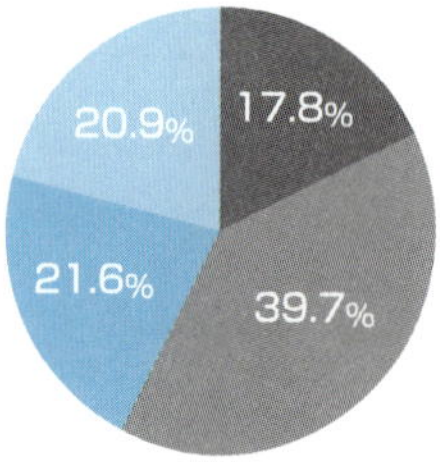

現実は「仕事重視派」が
最多で **57.5%**

■仕事を重視　■どちらかといえば仕事を重視
■プライベートを重視　■どちらかといえばプライベートを重視

出典：『"ワークライフバランスの理想"は「プライベート重視」が7割も、実態は真逆に。有意義な余暇がモチベーション向上にも寄与か』を元に作成

Q6

正社員？　非正規社員？

いまの会社には、正社員、パートタイマー、アルバイトがいる。
どの働き方がいいのだろう……。

やっぱり、正社員じゃないと……

どっち
？

非正規社員でがんばってみる！

自分らしく働くには、
どっちがいいのだろう？

先輩からの アドバイス

価値観やライフスタイルに合わせて選択する！

正社員として働くか、非正規社員としてがんばるべきかで悩むこともあるでしょう。

❶ 安定性を重視？　柔軟性を優先？

長期的な安定やキャリア形成を目指すなら正社員、自由な働き方をしたいなら非正規社員が向いているよ。

❷ キャリアのステージを考える

若い時期にスキルや経験を積みたいと考えるなら、正社員として幅広い仕事を経験することが大切だね。一方、特定のスキルを極めたい場合は、非正規での働き方も選択肢になるね。

▼不本意非正規雇用の状況

正社員として働く機会がなく、非正規雇用で働いている者（不本意非正規雇用）の割合は、非正規雇用労働者全体の9.6%（2023年平均）となっています。

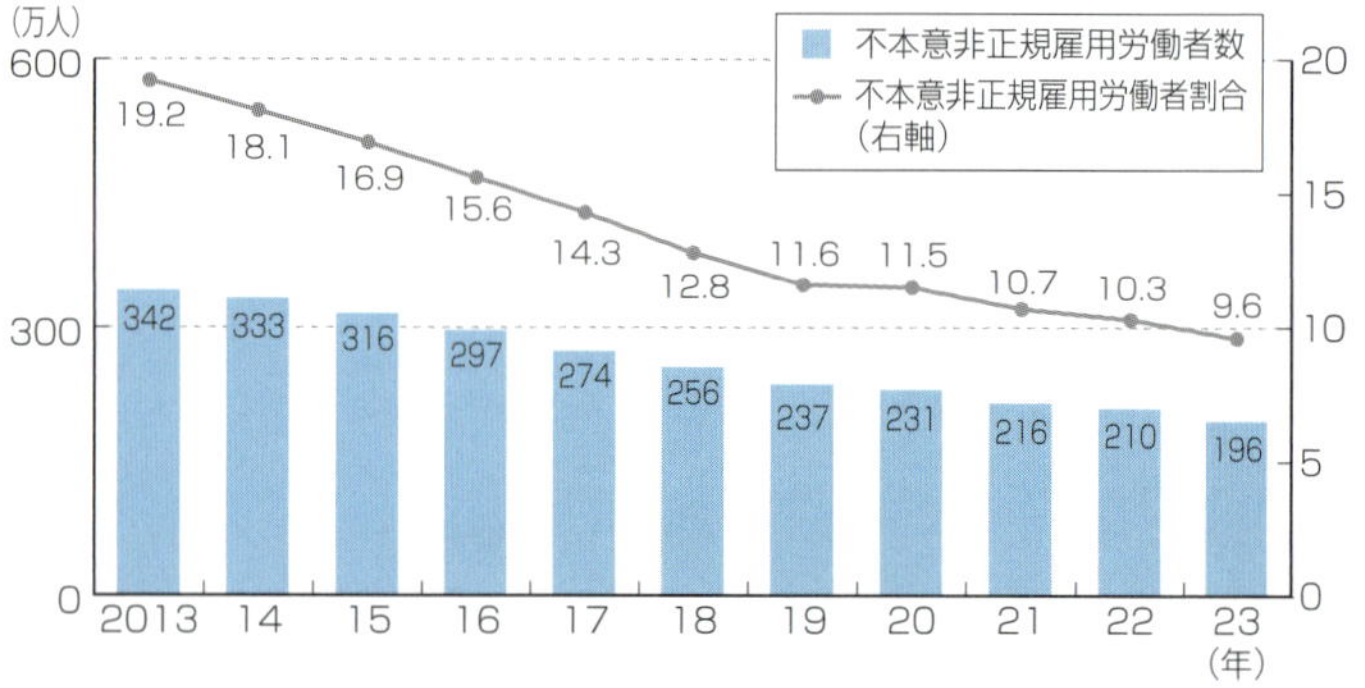

資料出所：総務省「労働力調査（詳細集計）」Ⅱ-16表
出典：厚生労働省「非正規雇用」の現状と課題を元に作成

社労士からの専門的なアドバイス

正社員と非正規社員のメリットとデメリットを考える！

正社員と**非正規社員**は、それぞれメリットとデメリットがあります。自分の価値観やライフスタイル、あるいはキャリアのステージに合わせて判断することが重要です。

正社員として働くメリットとデメリットは次のとおりです。

❶ 正社員として働くメリット

正社員は、通常月給制で収入が安定していて、ボーナスや昇給の機会も期待できます。

また、社会保険や福利厚生も充実している傾向があります。

長期的な雇用が期待できるため、仕事での経験を積みながらキャリアアップの機会を得やすいことが挙げられます。

❷ 正社員として働くデメリット

正社員は重要な業務を任されることが多いため、プレッシャーがあり労働時間が長くなることがあります。

勤務地や仕事内容の変更を命じられる場合があり、個人のライフスタイルに合わせにくいこともあります。

❸非正規社員として働くメリット

契約内容や勤務時間が柔軟で、ライフスタイルに合わせた働き方を選ぶことができます。また、業務が限定的であるため、特定の分野に集中して働くことが可能です。契約期間があるため、次のキャリアを自由に計画しやすい面があります。

❹非正規社員として働くデメリット

契約更新が保証されない場合があり、収入も正社員に比べて低い傾向があります。社会保険が適用されない場合もあり、将来の備えに不安が残る可能性があります。非正規社員は正社員に比べて昇進やスキルアップの機会が少ないことがあります。また、一度非正規社員を選択すると、正社員を選択することが難しくなる場合もあります。

コラム

キャリアの考え方

キャリアについての研究が進んでいます。多くの研究者が、キャリアを形成するための考え方を提唱しています。ここでは2つの考え方を紹介します。

❶ プロティアン・キャリア

ボストン大学のダグラス・T・ホール教授によって提唱されました。プロティアンとは、ギリシャ神話のプロテウスから名づけられており「変幻自在」を意味します。「キャリアとは組織ではなく個人を主体に形成されるもので、移り変わる環境のなかで、自己の成長のために変幻自在に対応していく」とする考え方です。出世やお金ではなく、心理的な成功を重視します。

❷ プランド・ハップンスタンス

スタンフォード大学のジョン・D・クランボルツ教授によって提唱されました。「キャリアというものは偶然の要素によって8割が左右される。偶然に対してポジティブなスタンスでいる方がキャリアアップにつながる」とする考え方です。VUCA*といわれる変化の激しい現代においては、予測していなかったことに対応しなければならない状況が多く発生します。こうした状況を上手く捉え、キャリア形成につなげていく姿勢が求められます。そのためには、次のことが大切とされています。

・好奇心
・持続すること
・柔軟でいること
・楽観的に考える
・リスクテイキング（冒険心）

＊ VUCA
V（Volatility：変動性）、U（Uncertainty：不確実性）、C（Complexity：複雑性）、A（Ambiguity：曖昧性）の頭文字をとった語。「先行きが不透明で、将来の予測が困難な状態」を表します。

第2章

入社したら確認しよう！働くルール

サッカーには、手を使ってはいけないルールがあります。
働くことにもルールがあります。
働くルールは、どのようになっているのでしょうか。

会社で働くということは、会社と労働者が労働契約を結ぶことです。

これは契約ですから、会社と労働者が平等な立場であることを前提としています。

いやな契約は結ばなければよいのです。


ところが実際はどうでしょう。

労働者は会社から支払われるお金で生活をやり繰りしているのが実情です。

お金がなければ生活できません。

生活のためには少しくらい我慢して働かなければならないと感じる労働者が多いのも無理はありません。労働者が弱い立場にあるともいえます。

そこで、働くことに関するルールが重要になります。

労働者を守るためにどのようなルールがあるのか、見ていくことにしましょう。

Q7
労働基準法ってなに？

最近仕事がきついなあ。
我慢して頑張るしかないのかな……。
思い切って仕事を休んでリフレッシュしようかな……。

辛くても我慢してがんばる！

どっち？

休みをとってリフレッシュする！

会社ではどっちのスタイルが
求められているの？

先輩からの アドバイス

ストレスに感じる前に リフレッシュの時間を取る！

新入社員のあなたにとって、慣れない環境で期待に応えようと努力することは、ストレスを感じる原因となりますよね。過度にがんばり続けると、心と体のバランスを崩してしまうことがあります。仕事をがんばるだけでなく、心と体を休めるための時間も大切にしましょう。

もし辛いと感じることがあれば、その理由を考えてみてください。それが一時的なもの（新しい業務への不慣れや忙しい時期など）であれば、少しくらい無理してでもがんばる価値があるかもしれません。反対に、もし疲れが溜まっていて心や体にあきらかな不調を感じるときは、迷わず休む勇気も必要ですね。

リフレッシュの時間を取ることは、決して甘えではありません。しっかりと休息を取ることで、自分を見つめ直し新しい視点で仕事に向き合えるようになります。長期的に考えると、休むことが仕事の効率を上げ、より大きな成果につながることもあるでしょう。

仕事も休息もバランスが大事！　両方の時間を大切にしましょう！

第2章 入社したら確認しよう！ 働くルール

社労士からの専門的な アドバイス

労働条件の最低水準を定めている労働基準法！

働くことに関するルールが重要であることは、この章の冒頭でご理解いただけたと思います。そして働くことに関するルールのなかで、中心となるのが**労働基準法**です。

日本では長い歴史のなかで、我慢して働くことが美徳と考える文化が根づいた時期がありました。たとえば、ひと昔前（1989年）、「24時間戦えますか？」と当時のビジネスマンに問いかける健康飲料のテレビCMが話題となったことがありました。ところが最近ではこのような考え方はすっかり影を潜め、労働者は自分の健康を守るための権利をしっかり主張できるようになりました。

労働基準法は、このような主張の基となる法律です。無理をしないで休むためのルールも労働基準法で定められています。労働基準法で定められていることを知ることは、長く健康に働き続けるための第一歩です。

それでは、労働基準法とはどのような法律なのでしょうか。

労働基準法は労働者の健康と安全を守り、働きやすい環境を整えるために作られた法律です。労働者は会社に比べて立場が弱くなりがちで、不利な条件を押し付けられることも考えられます。

そのため、国が労働基準法で最低限のルールを定め、労働者が安心して働けるようにしているのです。

たとえば、長時間労働や休みが取れない環境は、心や体の健康を害するリスクがあります。最悪の場合、**労働災害**や**過労死**にもつながります。これを防ぐため、労働基準法は労働時間の制限や休憩・休日の確保、有給休暇の付与などを義務付けています。

このように労働者には、労働基準法で適切に休む権利が保障されています。辛いと感じたら休むことで心と体をリフレッシュすることも、労働基準法で保障されている権利なのです。

リフレッシュの
時間も大切です！

写真：PHOTO AC

Q8
残業のルールって？

最近、上司から任される仕事が多いなあ。
今日は定時に帰れそうにない……。
早く帰って見たいライブ配信があるんだけどな……。

残業して残った仕事をする

どっち？

定時に帰ってライブ配信を見る

無理してでも残業して
早く仕事を終えたほうがいい？

先輩からのアドバイス

残業が必要かどうか、プライベートを楽しむか、冷静に判断する！

新入社員として仕事に真剣に向き合いながらも、自分の楽しみも大切にしたい気持ちはよく分かります。仕事とプライベートのバランスをどう取るべきか、少し考えてみよう。

まず、その残業が必要かどうかを冷静に判断してみてください。その日の作業が翌日以降の仕事に重大な影響を及ぼす場合や、チーム全体の進行に支障が出る場合は、少し残業してでも仕上げる方がいいかもしれないですね。

一方で、定時に帰るのも大切です。特にライブ配信のように自分が楽しみにしているイベントは、仕事の効率やモチベーションの向上につながります。プライベートも充実してこそ、長く健康的に働き続けることができます。

大事なのはどちらかに偏りすぎないこと！　バランスを取ることを心がけよう。しっかり考えて決めることで、きみの成長につながるよ。

残業の細かいルールについては、社労士さんに教えてもらおう！

社労士からの専門的な アドバイス

労働基準法で、残業のルールはどうなっているのだろう？

仕事をがんばる一方で、自分の楽しみも大切にする心がまえはとても大事です。このバランスを取るには、まず労働時間について基本的なルールを知ることが役に立ちます。労働基準法がどのように労働時間を定めているか、特に残業に関わるルールを説明します。

❶ **労働時間の基本的なルール**

労働基準法では、労働時間は1日8時間、1週40時間（一部44時間）が原則とされています。これを**法定労働時間**と言い、この時間を超えて働く場合は原則として**時間外労働（残業）**とみなされます。

❷ **残業が認められる条件**

時間外労働や**休日労働**が必要になる場合、会社は**36協定**（サブロク協定）という取り決めを労働者の過半数代表者と締結し、労働基準監督署に届け出なければなりません。これにより、一定の範囲内で時間外労働や休日労働が可能となります。しかし、だからといって、無制限に残業が認められるわけではありません。残業時間には限度が定められていて、原則として1か月45時間、1年360時間を超えることはできません。特例的な場合でも、1か月100時間未満、年間720時間以内の上限などが設けられています。

❸ 残業の割増賃金

残業をした場合、労働者には**割増賃金**が支払われます。法定労働時間を超える労働には25%以上の割増賃金が支払われるのが基本です。さらに残業が深夜（午後10時から午前5時）になると50%以上が支払われます。また休日出勤は、高い割増率（35%以上）が適用されます。

▼割増賃金の内容と割引率

種類	割増賃金の内容	割増率
時間外手当	法定労働時間（1日8時間、週40時間）を超えたとき	25%以上
	1か月の時間外労働が60時間を超えたとき	50%以上
休日手当	法定休日に勤務させたとき	35%以上
深夜手当	22時から翌朝5時までの間に勤務させたとき	25%以上

- **時間外労働が深夜に及んだ場合**
  時間外手当（25%以上）＋深夜手当（25%以上）＝50%以上
- **休日労働が深夜に及んだ場合**
  休日手当（35%以上）＋深夜手当（25%以上）＝60%以上

出典；東京都労働局「しっかりマスター労働基準法割増賃金編」を元に作成

Q9

勉強会に出る？　出ない？

仕事が終わってから勉強会をすることになりました。
これって出なくちゃいけないのかな……。
自由参加なのかな……。

業務なので勉強会に出る

どっち
?

業務ではないので勉強会に出ない

業務か業務でないかの
違いってなんだろう？

先輩からの アドバイス

業務なのか、業務でないのか、まず確認する！

勉強会って、参加しようか迷うよね。そんなとき、まず勉強会が業務として扱われるのかを確認してみよう。勉強会が上司や会社から業務の一環として指示されている場合は参加するようにしましょう。一方、業務外の任意参加である場合は、参加するかしないかは自分で決めることができるよ。

任意参加の場合は、以下のポイントを参考にしてください。

❶ 勉強会の目的とメリットを確認する

勉強会の内容が業務に直接関係し、スキル向上につながるものであれば参加してみよう。自分の仕事にプラスになる可能性があるよね。新入社員のあなたにとって、先輩との交流を深めるいいチャンスになるかもしれないよ。

❷ 不参加の場合の伝え方

参加しない選択も問題ありません。その場合は「今日は自己学習に専念します！」など、前向きな伝え方を心がけよう。

業務か業務でないかの判断基準は、社労士さんに教えてもらいましょう！

業務の場合は残業代を申請する！

終業時間の後の勉強会に参加しようか、それとも帰ろうか、新入社員はなおさら迷いますよね。まずその勉強会が、労働基準法上の労働時間に該当するかどうかを判断することが重要です。ここでは、労働基準法に基づいた考え方を説明します。

❶ 労働基準法が定める労働時間とは？

労働基準法では、労働時間とは「労働者が使用者の指揮命令の下に置かれている時間」を指します。これには、実際に仕事をしている時間だけでなく、指示された研修や会議、講習なども含まれる場合があります。

・勉強会が労働時間に該当する場合

会社や上司から業務の一環として参加が必須とされる勉強会であれば、労働時間としてカウントされ残業に該当します。したがって、勉強会に参加した時間は労働時間に含まれるため、決められた終業時間の後の時間については残業となります。

下の図で、どの時間帯に勉強会が行われるのか、確認してみてください。

・**勉強会が労働時間に該当しない場合**

一方で、参加は自由と明確にされている場合や、会社の指揮命令下でなく、完全に自主的な活動とされている場合は労働時間には該当しません。その場合、参加するかどうかは個人の意思によります。

ただし、現実には会社が暗に参加を促すなど、勉強会の位置づけが曖昧な場合があります。そのような場合は、「この勉強会は業務でしょうか？」と聞いてみるとよいでしょう。

▼法定労働時間と所定労働時間

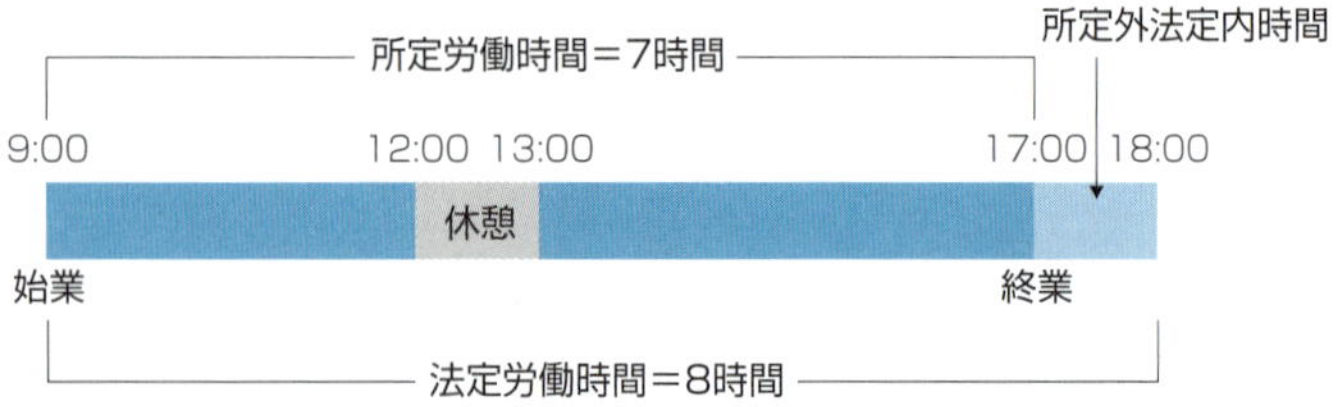

Q10

休憩したいときどうする？

長い時間作業をして疲れてしまいました。でも先輩はまだ黙々と作業を続けています。ちょっと休みたいな……。

先輩が作業を続けている間は自分も作業を続ける

どっち？

「ちょっとリフレッシュしてきます」と言って休憩する

先輩からの アドバイス

自分のコンディションは自分で管理する！

新しい職場で頑張ろうとする姿勢はとても立派です！　先輩が作業を続けている中、自分だけが休憩を取ることにためらいを感じるのは分かる気がするな。ただし、効率よく作業を進めるためには、自分のコンディションをしっかり管理することも大切だよ。

まず、疲れを感じている自分の状態をしっかり受け止めよう。集中力が落ちている状態で作業を続けても、ミスをしたり効率が低下する可能性が高まります。休憩を取って気分をリフレッシュし、作業の精度を保ちましょう。

また、休憩することは決して悪いことではありません。「ちょっとリフレッシュしてきます」と一言伝えれば、周囲も理解してくれます。先輩もきっと、自分で状況を判断して動ける姿勢を認めてくれるはずです。

仕事にはメリハリが大切です！　休むべきときにしっかり休むことで、結果的にパフォーマンスが向上します。

休憩に関するルールは、一度社労士さんに確認しておくといいね！

社労士からの専門的なアドバイス

休憩の時間と取り方は、決められている！

わかりました。休憩に関するルールですね。

先輩やチームのメンバーは仕事を続けている中で、自分だけ疲れてしまう状況はよくあることです。このような状況で適切に判断するために、労働基準法が定める休憩のルールを知ることが役に立つでしょう。これを知ることで、自分の健康を守りつつ、仕事の効率を上げる選択ができるようになります。

❶ **休憩時間**

労働基準法では、労働者が一定時間働く場合に休憩時間を取ることを義務付けています。その基本ルールは次のとおりです。

・6時間を超える労働……少なくとも45分の休憩が必要
・8時間を超える労働……少なくとも1時間の休憩が必要

❷ **労働時間の途中に**

休憩は、労働時間の途中に取ることになっています。たとえば、最後の1時間を休憩にして、休憩の後に退社するようなことはできません。

❸自由に利用

この休憩時間は、労働者が自由に利用できる時間として確保されるべきものです。つまり、業務の指示や拘束を受けることなく、自分の好きなように過ごせる時間でなければなりません。

❹一斉に休む

労働基準法では、休憩は「一斉に与える」ことが原則とされていますが、労使協定を締結し、業務の状況によって休憩をずらすことも認められています。上司や先輩に休憩に関するルールを確認してみるとよいでしょう。

仕事と休憩のバランスをうまく保ちながら、健康的に働き続けることを心がけてくださいね。

▼労働時間と休憩時間の関係

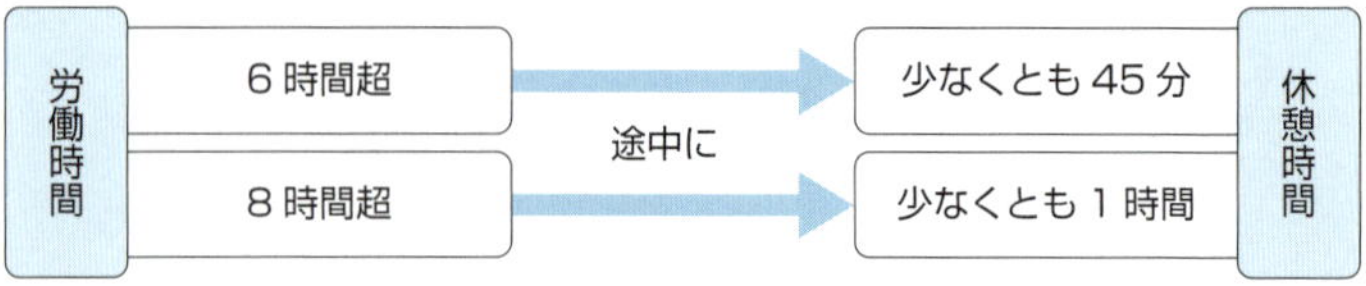

出典：厚生労働省「労働基準法のポイント」を元に作成

Q11

休日出勤する？　しない？

先輩から「こんどの日曜日、当社主催のイベントがあるから手伝ってくれる？」と聞かれました。
日曜日に仕事か……。サッカーの試合があるのになあ……。

仕事なら仕方がないので出勤する

どっち？

「サッカーの試合があるので」と言って出勤しない

休日の仕事とプライベート、
どちらを大切にしたら
よいのだろう？

まず、イベントが業務かどうか確認する！

❶ イベントが業務かどうか確認する

今回のイベントが会社からの正式な業務命令であれば、休日出勤として扱われて、割増賃金や代休の対象になります。

一方、手伝ってほしいという依頼が任意参加である場合、参加するかどうかはあなたの自由！　もちろん断っても大丈夫！

❷ 自分の予定とのバランスを考える

サッカーの試合があなたにとって重要な予定であれば、正直にその旨を伝えよう。「大事なサッカーの試合の予定があります」と伝えれば、先輩も理解してくれるはずです。

❸ 今後のためにどう動くか考える

もし試合後の時間が空いているなら、**「途中から手伝います」といった前向きな姿勢を示すと好印象だね**。先輩やチームとの信頼関係を築くうえで、むしろプラスになることもあるよ。しっかり対応しよう！

休日のルールを理解しよう！

先輩から休日に仕事を手伝って欲しいと頼まれれば、戸惑ってしまうのは当然です。この判断をするうえで、まず法定休日について理解することが大切です。休日の基本ルールを理解すると、どのように対処するべきかが見えてきます。

労働基準法では、原則1週間に1回（例外的に4週間を通じ4日）以上の休日を与えることが義務づけられています。この法定休日は、労働義務が一切ない日を指します。たとえば、日曜日を会社が法定休日としている場合、その日は基本的に出勤の義務はなく、自由に過ごす時間とするべき日です。法定休日に出勤を求める場合、労働基準法には次のようなルールがあります。

❶ 36協定の締結

会社は**36協定**（→47ページ）を労働者の過半数代表者と締結し、**労働基準監督署**に届け出なければなりません。

❷ 休日労働の割増賃金

法定休日に労働をした場合、通常の賃金に対して35％以上の割増賃金が支払われます。

❸代休と振替休日は似ているけど違う！

代休と振替休日を採用している会社もあります。代休と振替休日は、似ているようで、その内容が異なります。

代休は、休日に労働させた後に、他の労働日を代わりに休日（代休）とするものです。**振替休日**とは、あらかじめ休日に定められた日を労働日とし、その代わりに労働日を休日に振り替えるものです。つまり、後で決めるのが代休、事前に決めておくのが振替休日となります。振替休日は、法定労働時間の範囲であれば休日労働の割増賃金の対象とはなりません。

❹所定休日とは、会社が設定する休日をいう

会社は法定休日（1週に1日以上）と法定労働時間（1日8時間以内、1週40時間以内など）を守って、自社の**所定休日**を設定します。近年では**週休2日制**が一般的になっています。

Q12

残業は正確に申請する？

上司から「月に15時間以上残業しないようにしよう」と言われています。今月は超えちゃいそうだな……。少なく申告しておこうかな……。

残業の上限を守って15時間以上は残業しない

どっち
?

15時間以上残業しても、15時間以内で申告する

上司が言うことは
守らなければならないけど、
仕事も終わらないなあ……。

先輩からの アドバイス

残業時間は正確に申告すること！

会社は独自に残業時間の上限を決めている場合があります。上司が「月に15時間以上残業しないように」と言っているのは、あなたの健康や働き方を考えてのことでしょう。その上限を無視して残業をするのは、あなた自身の負担になるだけでなく、職場全体のルールを乱すことになるかもしれないよ。

❶ まず申告を正しく行う

それでも上限を守るのが難しい場合もあるよね。もし15時間を超えて残業してしまった場合、それを正直に申告することが大切です。正確な申告をすることで、上司やチームが業務量を見直すきっかけにもなります。

❷ 早めに上司に相談する

残業が15時間を超えそうな場合は、早めに上司に相談しよう。「今月は業務が多く、上限を超えてしまう可能性があります」と報告することで、仕事の分担や優先順位を見直し、業務の効率化が進むかもしれません。

社労士からの専門的なアドバイス

過少申告はコンプライアンス違反！

労働基準法では、３６協定を結べば月45時間の残業まで許されています。ただ実際には、健康管理や働き方改革の一環として、独自の基準を設けている会社もあります。このような場合、会社の方針に従うことは労働者としての健康促進のために大事なことです。

だからといって、独自の基準を超えてしまう場合に過少に申告することは許されません。過少に申告することにはさまざまなリスクが伴います。

❶ コンプライアンス違反

労働時間管理は会社にとっては法的な義務であり、正確な記録が求められます。**過少申告は会社にとって法令違反のリスクとなり、労働基準監督署の調査や行政指導の対象になる可能性があります。**

❷ 労働者の保護が不十分になる

残業時間を過少申告することで、適正な業務量に見直されるチャンスが失われます。長時間労働が表面化しないまま、体調を崩すリスクが高まります。

❸ チーム全体への影響

個々人が過少申告を続けると、チーム全体で業務の負担状況が把握されにくくなり、結果的に職場全体の効率や公平性が損なわれます。

❹ 賃金不払残業となる可能性が高まる

残業したのに適正な賃金が支払われない、いわゆる**賃金不払残業**が問題となっています。残業時間を過少申告することは、賃金不払残業となる可能性が高まります。労働基準法に違反するため、あってはならないものです。

▼労働時間の管理・報告　（n=3,000、SA、単位=%）

労働時間の管理・報告	割合
事業場で、タイムカード、ICカード等で打刻する	33.9%
勤務管理システムに自己申告で労働時間を入力する	28.4%
管理や報告はしていない	27.2%
PCのログが収集され自動的に労働時間とされる	13.4%
上司にメール等で報告する	5.5%
その他	1.6%

出典：厚生労働省「労働時間制度等に関するアンケート調査結果について（速報値）」を元に作成

Q13

変形労働時間制ってなに？

レストランの店長から
「月末は忙しいから9時間働いてね」と言われました。
9時間って働いていいの……？

1日8時間が上限だから働かない

どっち？

店長が言うのなら仕方がないので
9時間働く

1日に働くことができる時間って、
決まっていると聞いたけど……

店長が長時間勤務を頼むには、ワケがある！

最近では人手不足が深刻な問題になっていますよね。特にレストランなどの飲食業では、お客さまの注文を聞いたり料理や飲み物を運んだり、手が足りない状態が続いています。あなたが働いているレストランの店長が、長時間働いて欲しいということも分かるような気がします。まずは話を聞き、必要であれば協力する姿勢を示しましょう！

また店長が長時間働いて欲しいと頼むからには、頼むことができる裏づけがあるのでしょう。たとえば、36協定に基づいて時間外労働をして欲しいということかもしれないね。自分が働いている会社には、どのような制度があるか、一度確認してみるといいでしょう。ただし、無理は禁物だよ！　長時間働くまえには、必ず自分の体調と相談してください。

まずは会社の
制度を確認！

社労士からの専門的な アドバイス

変形労働時間制というルールがある！

最近では、いろいろな働き方があります。小売業や飲食業など繁閑の差が激しいので、1日8時間と週40時間以内というルールがどうしても馴染まない仕事もあります。そのため特例として、法定労働時間を超えて労働時間を設定することができる変則的な労働時間制が設けられています。その一つに**変形労働時間制**があります。あなたは店長から、変形労働時間制を適用して「9時間働いて」と言われたのかもしれません。変形労働時間制のしくみを理解し、あなたが月末にどのように働くかの判断材料にしてください。

❶ 1週間単位の非定型的変形労働時間制

1日10時間・1週40時間を限度に、1週間の労働時間を設定する制度です。従業員数（30人未満）や業種（小売、旅館、料理店、飲食店）が限られています。ただしこの制度は、労働時間はその1週間が始まる前までに書面で従業員に通知するなど手間がかかるので、あまり利用されていません。

❷ 1か月単位の変形労働時間制

1か月以内の一定期間で労働時間を調整する制度です。たとえば、忙しい日に10時間働いても、ほかの日に短く働くことで1週間の平均が40時間以内になれば適法となります。

❸ 1年単位の変形労働時間制

1か月を超えて1年以内で労働時間を調整する制度です。対象期間（1か月を超えて1年以内）を決めて、対象期間内の1週間あたりの労働時間が平均40時間を超えないように労働時間を決めます。季節によって忙しさが変わる業種（リゾートホテルなど）で導入されることが多い制度です。

▼変形労働時間制を採用している企業の割合　（単位：%）

	変形労働時間制を採用している企業				採用していない
		1年単位	1か月単位	フレックスタイム制	
令和3年調査計	59.6	31.4	25.0	6.5	40.4
1,000人以上	76.4	21.3	49.8	28.7	23.6
300〜999人	69.5	25.1	39.00	15.6	30.5
100〜299人	63.1	31.1	29.8	8.7	36.9
30〜99人	56.9	32.5	21.3	4.1	43.1

出典：厚生労働省「労働時間制度」を元に作成

Q14

フレックスタイム制って本当に自由？

先輩から「うちはフレックスタイム制だから、あまり早く出社しなくていいよ」と言われました。お昼頃に出社してもいいのかな……。

先輩はそう言うけど、朝9時には出社する

どっち？

先輩のお言葉に甘えて、正午に出社する

フレックスタイム制って
どうなっているのだろう？

出社時間は職場全体の様子を見て決めよう！

先輩から「あまり早く出社しなくていいよ」と言われても、何時に出社したらいいのか迷うのも無理はないよね。職場での信頼関係を築くために、以下のポイントを考えてみてください。

❶ 周囲と足並みを揃える

職場全体の出社時間を見てみよう。同じチームの多くが朝9時頃に出社しているなら、それに合わせるだけでコミュニケーションがよくなります。**特に新入社員の時期は、周囲と足並みを揃えることで信頼感を得られることがあります**。

❷ フレックスの活用は計画的に

フレックスタイム制のメリットは、柔軟に働けることだね。通勤ラッシュを避けたり、プライベートな用事を済ます時間をつくることもできるよ。

ただし、**コアタイム**や**総労働時間**のルールを設けている会社が多いから、必ず自分の会社のルールを確認しよう！

社労士からの専門的な アドバイス

コアタイムや清算期間を確認しよう！

フレックスタイム制は自由度が高い一方で、何時に出社すればよいか迷うこともあります。そこでフレックスタイム制の基本的な仕組みやルール、そして実際の働き方についてお話しします。これを参考にして、自分に合った出社時間を選んでみてください。

❶清算期間と総労働時間

フレックスタイム制では、３か月以内の清算期間が設定され、その期間内で働く総労働時間を決めます。総労働時間は１週間あたりの平均労働時間が法定労働時間40時間（一部44時間）を超えないように設定します。１日の労働開始時間や終了時間は労働者自身が決めることができます。そして清算期間内の実際の労働時間が総労働時間を超えた場合は、超えた分の時間が時間外労働となります。

❷コアタイム

コアタイムとは、すべての労働者が必ず勤務する時間帯を指します。たとえば「11時～15時（正午から13時の休憩を除く）」のように設定されることがあります。ただし、会社によってはコアタイムを設けていない**スーパーフレックス制**を採用している場合もあります。

❸ フレキシブルタイム

コアタイム以外の時間帯で、自由に勤務時間を調整できる時間のことです。たとえば、コアタイムが11時～15時（正午から13時の休憩を除く）の場合、それ以外の時間帯（7時～11時、15時～19時など）に出退勤を調整できます。

職場の雰囲気やチームの働き方を無視して極端な時間帯で働くと、周囲に迷惑がかかる場合があります。新入社員のうちは、先輩や上司の出勤時間を見ながら自分の出社時間を調整するとよいでしょう。

フレックス制を
上手に使いこなそう！

▼フレックスタイム制の設定例

7:00
9:00
11:00
12:00
13:00
15:00
17:00
19:00
フレキシブルタイム
コアタイム
休憩
コアタイム
フレキシブルタイム

Q15

みなし労働時間ってなに？

上司から「営業で直行直帰した日は7時間働いたことにします」と言われました。
営業の外回りは働いた時間を正確に計るのは難しいな……。

上司が言うとおり7時間で申告する

どっち？

だいたい働いた時間で申告する

外回りの営業時間で働いた時間って、どうやって申告したらいいのだろう……。

先輩からのアドバイス

上司の言うことを社内ルールで確認する

外回りの営業など、実際に働いた時間を正確に計るのが難しい業務があるよね。上司から「営業で直行直帰した日は、7時間働いたことにします」と言われれば、戸惑うのは当然だね。ただ、上司が言うからには、7時間とする何かわけがあるはずです。

業務の性質上、実際に労働時間を正確に計ることが難しかったり、労働時間の実態を正確に把握することが難しい業務があるよね。このような場合に適用されるのが**みなし労働時間制**です。あなたの会社にみなし労働時間制が採用されているか確認してみよう。みなし労働時間制が採用されていた場合、どのような業務に適用されるか、また適用するにはどのようなことが必要なのか、確認しておこう。

みなし労働時間制についても、社労士さんに教えてもらおう！

社労士からの専門的な アドバイス

みなし労働時間制には3パターンある！

わかりました。みなし労働時間制ですね。

そもそも労働時間とは、どのような時間を指すのでしょうか？　労働基準法で「労働者が使用者の指揮命令の下に置かれている時間」と決められていることは、すでにお伝えしました。でも実際は、必ずしも上司の指揮命令の下に置かれていたとはいえないケースもあります。たとえば、外回り営業がそれに当たります。そのため、どのような場合はどれくらいの時間を働いたかをあらかじめ決めておく制度があります。それがみなし労働時間制です。この制度には３つの種類があります。

❶事業場外労働のみなし労働時間制

営業で外回りをしているときなど、会社の外で働くため労働時間を把握することが難しいケースに適用されます。この場合、事前に会社が定めたみなし労働時間をその日の労働時間として扱います。たとえば、「外回り営業で直行直帰した日は7時間」といったルールがこれに該当します。

❷専門業務型裁量労働制

業務の性質上、業務遂行の方法を大幅に労働者の裁量に委ねる必要があり、業務遂行の手段や時間配分の決定等に関して使用者が具体的な指示をすることが困難な20の業務（システムコンサルタント、インテリアコーディネーター、ゲーム用ソフトウェア創作の業務など）に適用されます。このケースでは、実際の労働時間ではなく、労使協定で定めた時間を労働時間とみなします。

❸企画業務型裁量労働制

会社の中枢の部署などで、企画、立案、調査・分析の業務に携わっている労働者に適用されます。このケースでは、労使委員会の決議で定めた時間を労働時間とみなします。

▼みなし労働時間制

名称		業務の内容
事業場外労働のみなし労働時間制		事業場（会社など）外で行う業務
裁量労働制	専門業務型裁量労働制	厚生労働省が定める20の業務
	企画業務型裁量労働制	企画、立案、調査および分析の業務

出典：doda「みなし労働時間制とは？　メリットとデメリットを教えてください。」を元に作成

コラム

就業規則とは？

みなさんは、自分の会社の就業規則を見たことがありますか？　就業規則に記載する事項は、次のように決められています。

❶絶対的記載事項……記載が義務づけられている事項

・始業および終業の時間、休憩時間、休日、休暇、シフト制勤務の場合は交替・原則的な条件など

・賃金（臨時の賃金を除く）の決定と計算、支払い方法、締め日、支払日、昇給

・退職（解雇の事由を含む）

❷相対的記載事項……定める場合は、記載義務のある事項

・退職金（適用される労働者の範囲、退職金の決定・計算・支払方法、支払時期）

・臨時の賃金および最低賃金額

・食費、作業用品の負担について

・安全および衛生
・職業訓練
・災害補償、業務外の傷病扶助
・表彰および制裁
・その他、当該事業場のすべての労働者に適用する定め

また、就業規則は労働者に周知しなければならないというルールがあります。周知は、次の3つの方法のいずれかとされています。

・ひとり一人に配布する
・職場に掲示する
・デジタルデータに記録し、従業員がいつでもアクセスできるようにする

みなさんには、一度はじっくりと就業規則に目を通しておくことをお勧めします。

第3章

新しい働き方

時代と共に変化する働き方。
自分らしさを失うことなく、
自分の時間や可能性を伸ばす選択肢を考えましょう。

ひとむかし前、働くことはいやな思いをしたり我慢したりすることが普通でした。
たとえば、通勤ラッシュの窮屈を耐えたり、家族との時間を犠牲にしたりしました。
ところが現在は、いくつかの新しい働き方が定着したことで、
働く人の生活はより豊かになりました。
テレワークの導入により通勤時間がなくなり、
自分や家族のために使える時間が増えました。
また、副業を認める会社が増え、自分の可能性をより広げることができるようになりました。

ただしこのような新しい働き方は、正しく活用しなければ不都合が生じたり、
周囲が迷惑することになります。
新しい働き方を自分中心的に考えると亀裂が生じることもあります。

新しい働き方を上手く取り入れ、
仕事もプライベートもより豊かなものにしていきましょう。

Q16

テレワークを上手く使うには？

今日は出社して仕事をする日だけど、
昨晩飲みすぎて体調崩しちゃったから、
予定を変更してテレワークにしようかな……。

体調がよくないので、
予定を変更してテレワークする

どっち？

体調が悪くても、
予定どおり出社する

体調がよくないとき、
テレワークって便利だけど……。

先輩からの アドバイス

そのテレワークへの変更が、上司や同僚にどう思われるだろう？

昨晩飲みすぎて、具合を悪くしてしまったんだね。そんなときは、まずは体調をよく点検し、冷静に状況を判断することが大切です。出社が予定されている日であるならば、予定どおり出社するのは当然のこと。特に新入社員としては、しっかりとした取り組み姿勢を示して周囲の信頼を得ることはとても重要です。**体調不良を理由にしたテレワークが上司や同僚にどう受け取られるか、よく考える必要があります**。

ただし、無理をしてさらに体調を悪化させ、逆に仕事の効率が大幅に下がったり、周囲に迷惑をかける可能性がある場合は、テレワークに切り替える選択肢もあるでしょう。その際は、ただ「飲みすぎました」と言うのではなく、**「体調管理を怠ってしまい申し訳ありません。今日はテレワークに変更し、きちんと仕事を進めます」と誠意を持って説明しましょう**。

テレワークで気をつけることってどんなことか、一緒に社労士さんに聞いてみよう！

テレワークのマナーを守ろう！

最近では、働き方改革や柔軟な勤務形態を推進する流れの中で、テレワークは多くの会社で導入が進んでいます。また、テレワークは働く場所や時間を柔軟に選べるため、業務の効率化やワークライフバランスを向上させることができます。一方で、自由度の高い働き方であるだけに、自己管理やマナーを守ることが求められます。

❶ 労働時間の管理

テレワークにも労働基準法や就業規則が適用されます。労働時間や休憩の取り方、時間外労働の申請方法など、会社のルールをしっかり理解してください。また、働きすぎやサボりを防ぐためにも、自律的にタイムマネジメントを行いましょう。特に自宅での勤務は業務とプライベートの境界が曖昧になりやすいため、適切な休憩を取り過度な残業は避けるよう心がけてください。

❷ 適切なコミュニケーション

テレワークでは、対面でのやり取りが少なくなるため、**報告・連絡・相談**（いわゆる「**ホウレンソウ**」）をこまめに行いましょう。また、メールやチャットの文面は明確かつ簡潔にまとめることが肝要です。オンライン会議では、背景の整頓や服装に配慮することも重要です。

❸健康管理への配慮

テレワークは運動不足や孤立感を引き起こしやすい一面があります。長時間座りっぱなしになることを防ぐため、適度に体を動かしたり、ストレッチを行う習慣をつけましょう。メンタルヘルスにも注意が必要です。必要に応じて同僚や上司とコミュニケーションを取り、困ったことがあればすぐに相談するようにしましょう。

▼テレワーク導入率の推移

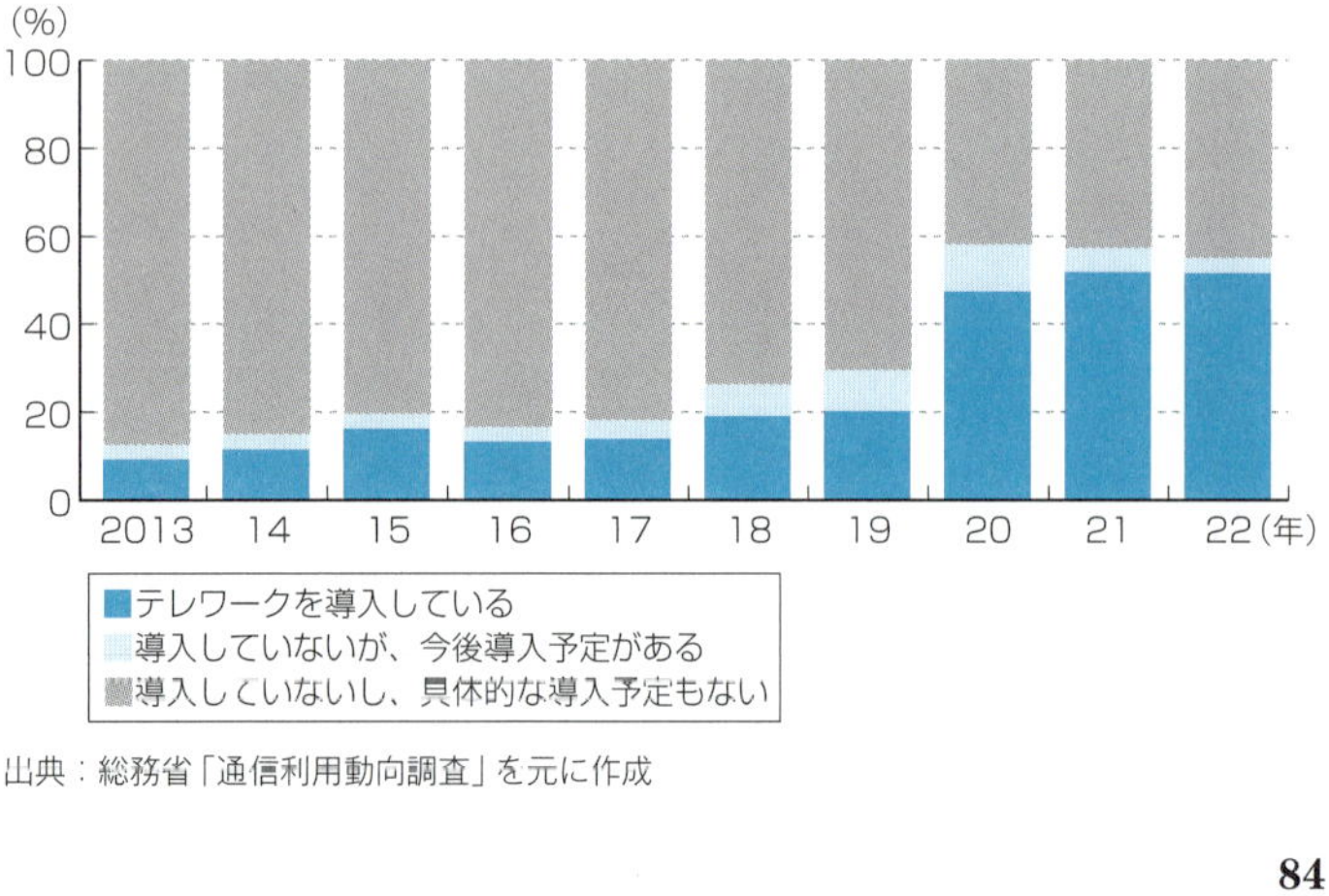

出典：総務省「通信利用動向調査」を元に作成

Q17

副業する？　しない？

最近では副業する人が多いらしい。
うちの会社は副業禁止だけど、
もう少し収入を増やしたいな……。

会社には黙って副業する

どっち

会社の決まりだから副業はしない

副業って興味あるな。
やったほうがいいのかしら？

先輩からの アドバイス

会社のルールは守る！ 副業がバレた時の代償は大きい！

まずは会社のルールを守ることが大前提！ 副業が明確に禁止されている場合、それを無視して副業することは、会社との信頼関係を台無しにしてしまうことにつながります。最悪の場合、懲戒処分や解雇となるリスクもあります。どんなに魅力的な副業であっても、会社の方針に従いましょう。

新入社員としては、今は本業でのスキルアップに集中することが求められていると考えましょう。会社が副業を禁止している背景には、社員が本業に専念し、業務に支障が出ないようにするという意図があります。まずは本業で信頼を築き、自分の価値を高めることを優先しましょう。

副業は自分の成長や収入アップのチャンスとなる一方で、ルールを守らなければ信頼を失いかねません。本業に集中することで自分の成長につなげましょう。本業でよい結果を残すことで、収入アップを目指しましょう。

最近は副業を許容する会社も増えているようですね。社労士さんに最近の動向を聞いてみましょう！

第3章 新しい働き方

社労士からの専門的な アドバイス

就業規則を調べてみよう！

近年、副業を解禁する企業が増えています。厚生労働省は「副業・兼業の促進に関するガイドライン」を策定し、基本的な考え方は「原則、副業・兼業を認める方向とすることが適当である」としています。

副業のメリットは、単に収入が増えるだけではありません。今の会社を辞めずに別の仕事に就くことができれば、自分が本当にやりたいことに挑戦できる可能性が高まります。これまでと違う経験をしたりスキルを身につけることが可能になります。さらには人脈が広がり、将来の起業や転職に向けた準備をすることもできます。このように副業にはメリットが多く、より主体的にキャリアを形成するためのステップにもなります。

働き方改革の流れで注目されている副業ですが、今のところ企業ごとに対応がかなり異なります。そのため、まずは自分の会社のルールを正確に理解することが重要です。あなたの会社が副業を禁止しているのなら、会社のルールに従いましょう。会社に隠れて副業をすることはお勧めできません。

会社が副業を禁止している理由は様々です。たとえば、副業が原因で疲労や時間の制約が増え、本業のパフォーマンスが低下することを懸念していることがあります。あるいは、自社の情報が他社に知られてしまう情報漏洩のリスクを回避するためかもしれません。

どうしても副業をしたい正当な理由があるなら、上司や人事に相談するのが適切です。会社によっては例外として認められる場合もあります。堂々と許可を得て進める方が安心です。

▼従業員の社外での副業・兼業の可否

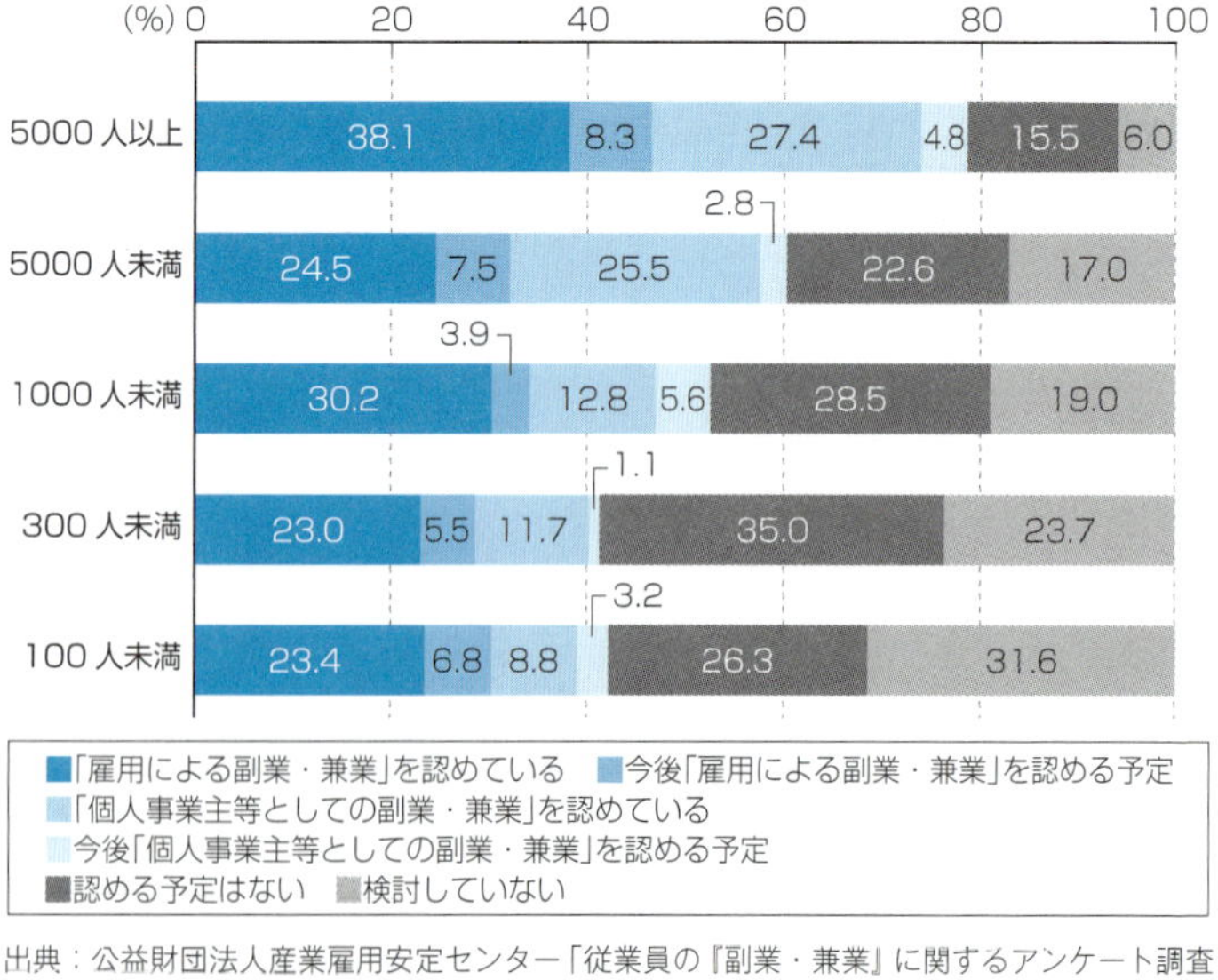

出典：公益財団法人産業雇用安定センター「従業員の『副業・兼業』に関するアンケート調査結果の概要」を元に作成

Q18

仕事と子育てって両立できる？

私、妊娠したみたい。
でも、仕事をしながら出産や子育てできるかしら。
少し心配……。

妊娠や出産を機に会社を辞める

どっち？

仕事と子育ての両立を目指す

子どもも持ちたいし仕事も
続けたいけど、
それってできるかな……。

先輩からの アドバイス

出産や育児は人生の大きな転機！後悔しない道を選ぼう！

子どもを授かったときの嬉しい気持ち、よく分かります。同時に、仕事と子育ての両立について迷う気持ちも理解できます。妊娠・出産は人生の大きな転機だよね。進むべき道の選択は、自分や家族の状況をよく考えることが大切だよ！

入社間もない時期に妊娠したことで、会社に迷惑をかけるのではと不安に思うかもしれないね。でも大丈夫。妊娠や出産は労働基準法で厚く守られているんだ。たとえば、**産前産後休業**や**育児休業**を取得する権利があります。これらを活用することに遠慮は要りません。また、あなたの会社に仕事と子育てを両立するための制度があれば、それらを活用しない手はありません。まずは上司に相談してみよう。それが第一歩です。

さらに仕事を続けるなら、家族や周囲のサポートを得ることも考えよう。一方で、子育てに専念したいと強く感じるなら、仕事を辞めることも立派な選択肢の一つです。最も大切なのは、自分が後悔しない決断をすることだね！

第3章 新しい働き方

社労士からの専門的な アドバイス

仕事と子育ての両立を支えるための制度を理解しよう！

子どもができたとき嬉しい気持ちになる一方で、妊娠や出産は自分のキャリアを考えるきっかけにもなります。会社を辞めるか、仕事と子育ての両立を目指すかは人生の大きな決断です。どちらを選ぶか、選択のポイントを考えてみましょう。

❶ **経済的な安定**
父母ともに仕事を続ける場合、収入源が複数ですので家計に余裕が生まれます。将来の教育費やマイホーム購入などの選択肢が広がります。

❷ **社会とのつながり**
職場での人間関係や仕事を維持することで、精神的な充実感を得られやすくなります。

❸ **キャリアの継続**
仕事を辞めずに続けることで、キャリアの空白期間を作らず、将来的な昇進やスキルアップのチャンスを逃しません。

❹ 周囲のサポート

仕事と子育てを両立するためには、周囲のサポートが不可欠です。家族や親族のサポートを得ることで、負担を軽減できます。

❺ 出産や子育てと仕事を両立する制度の活用

産前産後休業や育児休業など、出産や育児を支援する休業制度が整備されています。また子どもが3歳になるまで**短時間勤務**を選択することができます。

❻ 外部リソースの活用

保育施設、**家事代行サービス**や地域の子育て支援を上手く活用しましょう。

最近の女性正社員の**第一子出産時離職率**は13・4%との調査結果があります。仕事と子育ての両立は、すでに定着しているとの見方もあります。

▼女性の第一子出産時離職率

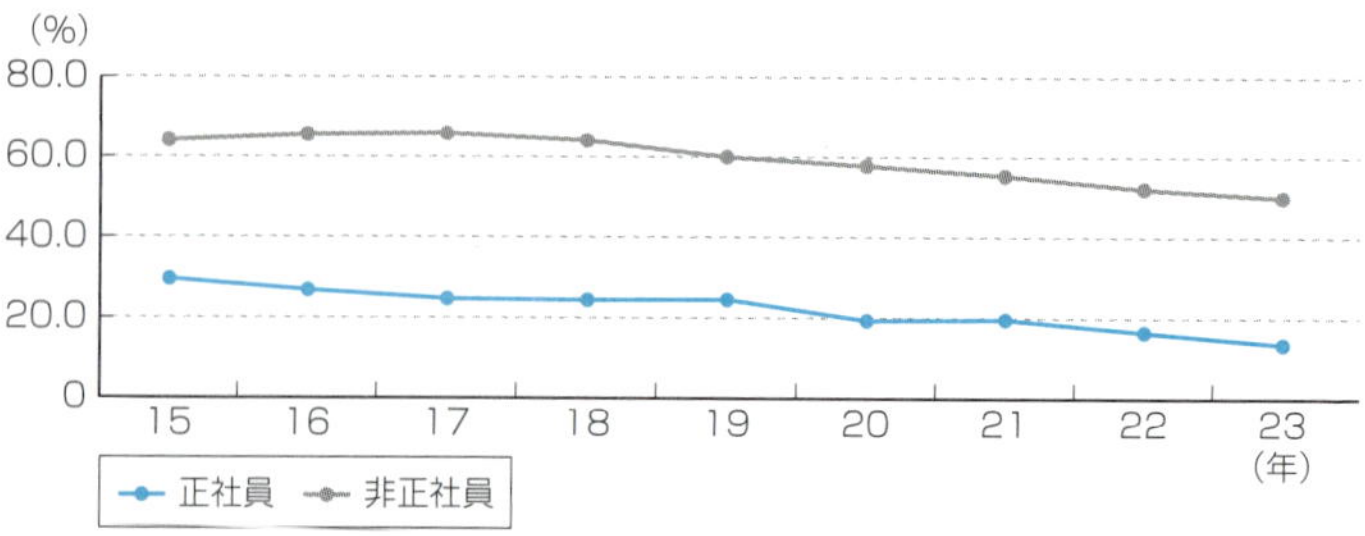

出典：リクルートワークス研究所「女性の第　了出産離職率」を元に作成

コラム

その他の新しい働き方とは？

この章では、新しい働き方として、テレワーク、副業、仕事と子育ての両立の3つを説明しました。その他の新しい働き方として、次の3つが挙げられます。

❶ワーケーション

ワーケーションとは、仕事（work）と休暇（vacation）を組み合わせた働き方です。普段の職場や自宅とは異なる場所で仕事をしつつ、休暇を楽しみながら過ごす働き方です。テレワークの一形態ともいえますが、仕事と休暇を組み合わせた点で大きく異なります。

❷ノマドワーカー

ノマドワーカーとは、遊牧民（nomad）と働く人（worker）の単語を組み合わせた造語です。オフィスなどの特定の場所を拠点とせず、カフェやコワーキングスペース、図書館など、さまざまな場所を移動しながら仕事をする働き方です。

❸ジョブ型雇用

ジョブ型雇用とは、その会社にとって必要なスキル、経験、資格などを持つ人材を、職務内容などを限定して採用する雇用方法です。個々人が専門性やスキルを高め、主体的にキャリア形成ができるなどのメリットがあります。

みなさんも、自分に合った働き方をみつけてください。

キャンプ場で
仕事してます。

第４章

会社を休みたいとき

働き続けるということは、休む意味も含んでいます。
心と体を整え、生活を充実させるために、
上手に休むことを考えてみましょう。

ライフステージに見合った休暇を積極的に取ることは、
心と体の健康を保つだけでなく、仕事の質を高めるためにも非常に重要です。
たとえば、家族のイベントや友人との時間、趣味に取り組むことは、
あなたの人生を豊かにし、職場でのモチベーションや生産性向上につながります。

また、長いキャリアの途中には、どうしても休暇を取らなければならない
ライフイベントもあります。
出産や育児、あるいは家族の介護など、避けては通れない大切な時間とも言えます。
あなたの上司や先輩も、休暇をうまく活用することで、仕事とプライベートの
バランスを保ってきました。休むことにためらいを感じることはありません。
休むのはお互いさま。チームはあなたが安心して休暇を取れるようサポートしてく
れるでしょう。
計画的に休むことで、長期的によい成果を生む働き方を目指しましょう。

Q19

年次有給休暇を上手に使おう！

推しのアーティストが、今週遠方でライブか！
平日だけど行きたいな……。
会社を休めればなあ……。

会社を休んでライブに行く

どっち？

平日なので我慢する

平日に休暇をとって
リフレッシュすることは
できるの？

先輩からの アドバイス

休暇を取る前に、チームや周囲の状況をみて考えよう！

大好きなアーティストのライブに行くべきか我慢すべきか、悩みますね。新入社員として会社や周囲の信頼を築く時期でもあるので、急にライブのために休みを取るのは慎重に判断することが大切です。

あなたが休みたいと申し出るとチームのメンバーに迷惑をかける場合は、見送る選択肢もあります。繁忙期や大事な会議の予定があればなおさらです。いずれにせよ、急な申し出はあまり感心できません。時間に余裕をもった行動が大切ですね。

一定の条件をクリアすると、有給休暇（正確には年次有給休暇）を利用できるようになります。ライブの日程に合わせるなど、計画的に申請すれば問題ありません。早めに申請することで、上司やチームのメンバーにも配慮が伝わります。

有給休暇については、社労士さんに詳しく聞いてみよう！

第4章　会社を休みたいとき

社労士からの専門的な　アドバイス

有給休暇は労働者の権利！

めったにない好きなアーティストのライブなど、どうしても休みが欲しいときもあるでしょう。ここでは、有給休暇に関する基本的な情報をお伝えします。

❶ 付与される条件

有給休暇が付与されるためには、次の2つの条件を満たす必要があります。

・入社後6か月が経過していること（以後1年ごとに付与されます）

・初回は6か月間、以後は1年間の期間中に80％以上出勤すること

❷ 付与日数

初回は10日間。以後、勤続年数に応じて増えていきます。

❸ 有給休暇の目的

どのような目的で取得するか自由です。連続して取得してもよいとされています。

❹ 有給休暇中の賃金

通常の賃金が支払われます。

❺ 取得単位

一日単位が基本ですが、会社によっては、半日単位や時間単位で取得できることもあります。

❻ 計画的付与

労使協定により、会社が計画的に付与することができます。ただし最低5日間は労働者が自由に使えるものとしなければなりません。

❼ 申請期限

法律で明確に定められていませんが、会社が独自にルールを決める場合があります。

❽ 取得の促進

年10日以上が付与される労働者に対して、そのうち5日以上を毎年取得させることが義務付けられました。

▼年次有給休暇の付与日数

(1) 通常の労働者の付与日数

継続勤務年数（年）	0.5	1.5	2.5	3.5	4.5	5.5	6.5以上
付与日数（日）	10	11	12	14	16	18	20

(2) 週所定労働日数が4日以下かつ週所定労働時間が30時間未満の労働者の付与日数

	週所定労働日数	1年間の所定労働日数※	継続勤務年数（年）						
			0.5	1.5	2.5	3.5	4.5	5.5	6.5以上
付与日数（日）	4日	169日～216日	7	8	9	10	12	13	15
	3日	121日～168日	5	6	6	8	9	10	11
	2日	73日～120日	3	4	4	5	6	6	7
	1日	48日～72日	1	2	2	2	3	3	3

※週以外の期間によって労働日数が定められている場合

出典：厚生労働省「年次年次有給休暇の付与日数は法律で決まっています」を元に引用

Q20

産前産後休業制度って？

3か月後が出産予定日だけど、まだ仕事が山ほどあります。ちゃんと休めるかどうか心配……。

産前はできるだけ仕事して、産後はしっかり休む

どっち
？

産前も産後もできるだけ仕事を休み、出産と育児に専念する

出産と仕事、
うまく両立させたいけど……

先輩からの アドバイス

産前産後は自分と赤ちゃんの体調管理に集中する！

新しい命の誕生を迎える時期、働き方をどうするか迷うのは当然ですよね。まずは自分自身と赤ちゃんの健康を第一に考えましょう。その上で、産前産後の働き方について考えましょう。

妊娠中の体調は個人差が大きいため、無理をしないことが最優先です。産前はできるだけ仕事を続けたいと思っても、体調が不安定になる時期もあります。上司や人事に妊娠を報告し、産前産後休業など必要に応じた配慮を相談しましょう。

産前産後休業は労働基準法で保障されている権利なので、胸を張って申し出て大丈夫！出産予定または出産した女性であれば、勤務形態を問わず誰でも取得できます。入社間もない場合でも心配する必要はありません。取得を理由に不利益を被ることもありません。早めに申請して職場と調整を進めると安心です。

産前産後休業の詳細は、社労士さんに確認してみてください。

産前産後休業を最大限に活用する！

出産を迎えるタイミングで、多くの女性が仕事との両立をどうするか悩まれます。そんなとき、出産をサポートする制度についての正しい知識が役に立ちます。出産に関する主な制度の概要をお伝えします。

❶ 産前産後休業

産前産後休業とは、労働基準法で定める妊娠・出産をする女性労働者が取得できる休業制度です。この制度は、働く女性が安全に出産を迎え、産後に回復できるよう保障された権利です。

産前産後休業をスムーズに取得するためには、早めに上司や人事に妊娠の事実を報告し、休業計画を相談することが重要です。職場の体制に影響が出ないよう、業務の引き継ぎやスケジュール調整を行うとよいでしょう。

・**産前休業**……出産予定日の6週間前（双子以上の場合は14週間前）から取得できます。取得するためには本人の請求が必要です。産前休業は義務ではなく、取得するかどうかは本人が選択できます。

・**産後休業**……出産の翌日から8週間が対象です。産後6週間は就業が禁止されています。医師が認めた場合のみ6週間経過後に就業が可能となります。この期間は必ず休業し、身体の回復に専念してください。

❷ 出産手当金

産前産後休業中は、報酬が支払われないのが一般的です。報酬の支払いがない場合は、健康保険から**出産手当金**（直近12か月の標準報酬月額を平均した額×1／30×2／3）が休業日数分支給されます。

❸ 出産育児一時金

妊娠4か月（85日）以上で出産したときに、健康保険から出産育児一時金が一児につき48万8千円（産科医療保障制度に加入している病院での出産は50万円）が支給されます。

Q21

育児休業制度もあるの？

赤ちゃんを産んで一安心……、とは言えないわ。
子育てってやることがいっぱいあって、
早く仕事に復帰できるか自信がない……。

産後休業のあとは、できるだけ早く職場に復帰する

産後休業のあとも、子育てのためにできるだけ長く仕事を休む

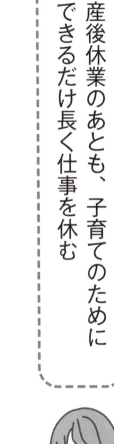

先輩からの アドバイス

無理をせず、自分と家族にとって最適な選択を！

出産を終え、職場への復帰について悩む時期ですね。復帰のタイミングは体調や子育ての状況、職場環境によって異なるため、自分にとって何が最善かを考えることが大切です。

早めの復帰を考える場合、職場でのキャリアや収入の維持がメリットになります。ただし、子育ては想像以上に時間と体力を必要とします。復帰後の家族や親族のサポートを得られる環境を整えておくことが重要です。保育園の手配など、外部リソースの活用も検討しましょう。

一方で、育児休業を活用して長く休む選択もあります。この場合、赤ちゃんとの時間を大切にし、ゆっくりと母親としての生活に慣れることができます。**育児休業給付金**もありますので、経済面で心配することもありません。

いずれを選ぶ場合でも、早めに上司に意思を伝え、復帰後の働き方や業務調整を相談しておくことがスムーズな復帰につながります。無理をせず、自分と家族にとって最適な選択をしてください。

育児を支える制度は充実している!

産前産後休業からの復帰のタイミングや、育児との両立について迷われているようですね。大事な選択です。親が働きながら子育てすることを支援する制度は充実しています。しっかり理解しておきましょう。

❶ 育児休業

育児休業とは、労働者が子どもの育児に専念するための休業を取得できる制度で、**育児・介護休業法**という法律に定められています。

この制度は、正社員だけでなく、一定の条件を満たすパートタイマーやアルバイトなど短時間勤務でも取得が認められています。

育児休業は、原則子どもが1歳になるまで取得できます。保育所に入所できないなどの特別な事情がある場合は、最長で子どもが2歳になるまで延長することが可能です。2回まで分割取得できます。育児休業期間中は育児休業給付金の支給を受けることができる場合があります。

❷ 育児休業給付金

育児休業給付金は、原則1歳未満の子を養育するために育児休業を取得した場合、一定の要件を満たすと育児休業給付金の支給を受けることができます。

支給要件は、育児休業を開始する前の2年間に、雇用保険の被保険者として11日以上働いた月が12か月以上あることなどです。

休業開始から6か月間は、賃金日額（休業開始前6か月の賃金を180で割った額）の67％が休業日数分支給されます。その後は50％となります。

❸ 子どもが3歳になるまでは……

子どもが3歳になるまで、勤務時間を1日6時間に短縮できます。また、所定外労働を超えた労働は免除される制度もあります。

▼育児休業の取得期間

（単位：％）

	5日未満	5日～2週間未満	2週間～1か月未満	1か月～3か月未満	3か月～6か月未満	6か月～8か月未満	8か月～10か月未満	10か月～12か月未満	12か月～18か月未満	18か月～24か月未満	24か月～36か月未満	36か月以上
女性	0.4	0.2	0.6	1.8	4.4	4.6	11.4	30.9	32.7	9.3	3.0	0.6
男性	15.7	22.0	20.4	28.0	7.5	2.9	0.8	1.1	1.4	0.2	0.0	―

2022（令和4）年4月1日から2023（令和5）年3月31日までの1年間に育児休業（産後パパ育休を含む）を終了し、復職した人の育児休業期間。

出典：厚生労働省「雇用均等基本調査／令和5年度」を元に作成

Q22

父親も子育てする？

産前産後休業も育児休業も取得して、出産と子育て両方がんばるつもり！だけど、ちゃんとやっていけるかしら。ちょっと心配……。

産後の子育ては母親ひとりでがんばる

どっち？

父親にも育児を協力してもらう

産前と産後は母親だけで大丈夫？
父親も協力できる？

子育ては家族全員で取り組もう！

かつて子育ては、母親が中心となって奮闘した時代がありました。ところが今では、子育ては母親だけではなく、家庭全体で支え合うものと考えるのが一般的です。

母親が一人で全てを抱え込むと、心にも体にも大きな負担がかかります。疲れやストレスが蓄積すると、子育てそのものを楽しむ余裕を失ってしまう危険があります。こうした状況を避けるためにも、父親はじめ家族や周囲に協力を求めることはとても大事なことです。あなたも一人で悩まないでくださいね。

父親の育児参加は、赤ちゃんにとってもよい影響があります。父親が積極的に関わることで、親子の絆が深まるだけでなく、子どもの健やかな成長を支える重要な役割を果たします。最初は不慣れでも、父親も少しずつ育児に慣れ楽しむことができるようになります。

母親と父親が一緒に子育てを楽しむことで、家族の信頼関係も強くなります。社労士さんからのアドバイスも、ぜひお二人で聞いてみてください！

社労士からの専門的なアドバイス

父親が利用できる育児関連の制度を知ろう！

現代の子育てにおいて、父親の役割が重要視されていることをお分かりいただけたと思います。父親が子育てに参加する環境を、会社も支援する社会認識が形成されつつあります。このような変化にうまく対応するために、父親の子育て支援制度について理解しておきましょう。

❶ 出生時育児休業（産後パパ育休）

出生時育児休業は、子の出生後8週間以内に、父親が最大4週間休暇を取得できる制度です。原則として休業する2週間前までに申し出します。分割して2回まで取得可能です。また労使協定を締結し、労働者が合意した範囲で休業中の勤務（上限が決められています）が可能です。育児休業給付金（108ページ）と類似した出生時育児休業給付金の対象ともなります。

この制度を利用すれば、家族が増えたことによる大きな生活の変化を、母親と父親が手を取り合って乗り切っていくことができます。

❷ 育児休業

育児休業は父親も利用可能です。子どもが1歳になるまで（特別な事情がある場合は最長2歳まで）、育児休業を取得できることが規定されています。さらに、母親と父親がともに育児休業を利用する場合は特例（**パパ・ママ育休プラス**）があります。子が1歳2か月までの間に、それぞれ最長1年間育児休業を取得できるという制度です。育児休業を取得する男性は増えています。男性の育児休業取得率は、令和5年度にはじめて3割を超えました。会社も父親の子育て参加を支援することが求められています。

▼育休取得率の推移

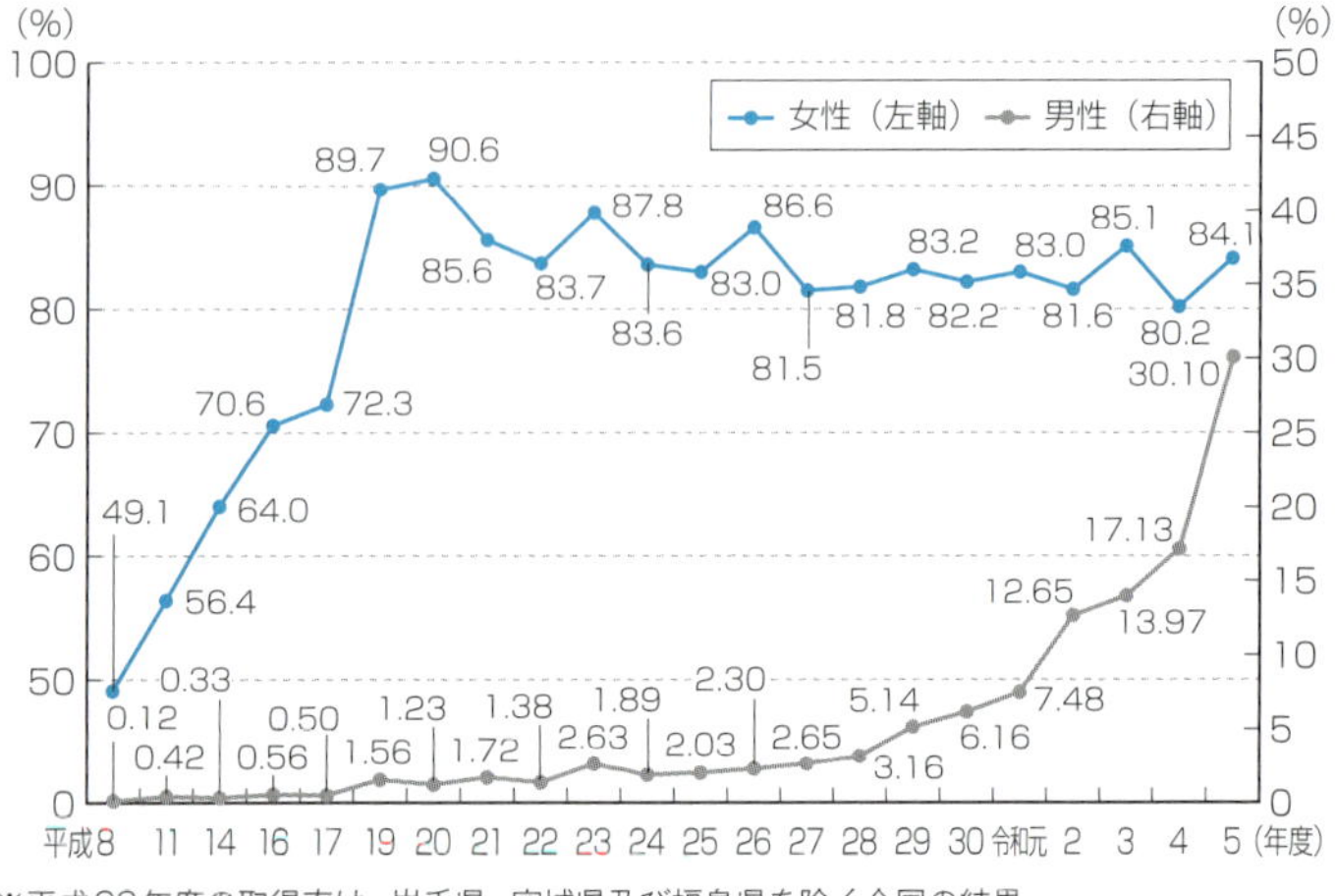

※平成23年度の取得率は、岩手県、宮城県及び福島県を除く全国の結果。
出典：自民党「男性の育休取得率、初の3割超え」を元に作成

Q23

介護のために休めるの？

実家の父親が要介護2に認定されました。母親一人で面倒みているけど、母親も高齢なので、とても心配……。

父親の介護は母親に任せる

どっち？

自分も父親の介護に協力する

実家で父親を介護するために、
仕事を休むことができる？

先輩からの アドバイス

介護は、する方もされる方も大変！一人が抱え込まないように！

ご家族の介護について悩まれているとのこと、大変な状況ですね。誰が介護をするか切実な問題です。

実家のお母さまに任せる選択肢もありますが、介護は体力的にも精神的にも大きな負担を伴います。まずお母さまの負担を少しでも和らげるために、介護保険サービスの利用を検討しましょう。ケアマネージャーさんに依頼して、訪問介護やデイサービスなどの利用を検討しましょう。

あなたも協力しようとする場合には、仕事とのバランスが重要です。無理なく介護に関わる方法を考えましょう。週末だけ実家を訪れる、家事を手伝うなど、できる範囲でサポートすることも立派な協力です。

介護をしながら働く人をサポートする制度も検討しましょう。介護休暇制度や時短勤務を利用することも選択肢になります。

私も介護についての知識は乏しいので、社労士さんからのアドバイスを参考にしてみてください。

社労士からの専門的な アドバイス

介護をしながら働く人のための制度を知っておこう！

日本では**高齢化社会**が進んでいます。家族の介護をしながら働いている人が増えています。いつか近い将来に介護する側になったときのことを考え、介護しながら働く人を支える制度を知っておくとよいでしょう。

❶ 介護休業

要介護状態にある家族を介護するために、**介護休業**を取得することができます。ここで要介護状態とは、ケガや病気、精神上の障害により２週間以上常時介護が必要（たとえば要介護２以上など）な状態をいいます。また家族（対象家族）とは、配偶者、父母、子、配偶者の父母、祖父母、兄弟姉妹、孫をいいます。

介護を必要とする対象家族一人につき通算93日、３回まで分けて取得することができます。

介護する方針を決めるまでに家族が直接介護しなければならない時期など、まとまった休みが欲しい場合に介護休業を取得するとよいでしょう。

❷**介護休業給付金**

介護休業中は、雇用保険から**介護休業給付金**の支給を受けられる場合があります。

この期間中は、賃金日額（休業開始前6か月の賃金を180で割った額）の67%が休業日数分支給されます。

❸**介護休暇**

対象家族一人につき、1年に5日（対象家族が2人以上の場合は10日）まで、介護休暇を取得することができます。通院の付添いなど、短時間の休みが必要な時には介護休暇が便利です。

▼介護休業と介護休暇の比較

	介護休業	介護休暇
取得可能日数	要介護家族一人当たり93日間（3回まで分割して取得可能）	年5日まで（対象家族が二人以上の場合は最大10日まで）
取得単位	日単位	日単位、時間単位
対象労働者	すべての労働者 ※日雇い労働者は対象外 ※有期雇用労働者は取得要件あり	すべての労働者 ※日雇いの労働者は対象外
労使協定を結んでいる場合に対象外となる労働者の条件	・入社1年未満 ・申し出日から起算して93日以内に雇用契約が終了する ・1週間の所定労働日数が2日以下	・入社6か月未満 ・1週間の所定労働日数が2日以下
給付金制度	介護休業給付金の支給あり ※93日間を超えた介護休業を企業独自に設けている場合、法定日数を超えた分については支給なし	なし ※企業が独自に設けることは可能
手続き方法	休業開始予定日の2週間前までに、書面などにより事業主に申請	書類の提出に限定しておらず、口頭でも可能

出典：日本の人事部「介護休業と介護休暇の違い」を元に作成

Q24

有給休暇以外の休暇って？

3年間つきあった彼氏と結婚することになりました。
挙式のあとにハワイに行く予定だけど、
有給休暇を使おうかしら……。

有給休暇を利用する

どっち？

有給休暇以外の休暇があるか、
調べてみる

有給休暇のほかに、
休暇ってあるのね！

先輩からの アドバイス

有給休暇は当然の権利！結婚休暇や慶弔休暇も検討しよう！

結婚おめでとうございます！　結婚式と新婚旅行、気持ちが高まりますね。

有給休暇を使うべきか迷っているとのことですが、安心して活用してください。有給休暇は労働者の正当な権利です。入社間もない場合でも、6か月の勤務と一定の出勤率を満たせば10日間の有給休暇が付与されます。新婚旅行のような特別な日のために取得するのは、とてもいい使い方だね。

多くの会社は、有給休暇とは別に**特別休暇**として**結婚休暇**や**慶弔休暇**を設けています。休暇に関する規定を調べてみて、結婚式や新婚旅行で利用できる特別休暇があれば、利用することを検討しよう。有給休暇と特別休暇の違いは、社労士さんに確認してみてくださいね。

上司やチームのメンバーに新婚旅行の予定を早めに伝えておけば、仕事の引き継ぎやスケジュール調整がスムーズに進みます。「長期間休んで迷惑をかけるのでは？」と不安になるかもしれないけど、事前準備をしっかり行えば周囲の理解を得られるでしょう。

有給休暇と特別休暇の違いを理解しよう!

結婚式や新婚旅行は、人生のなかでも最も思い出に残るライフイベントの一つです。休暇制度を上手に使いましょう。有給休暇も選択肢の一つですが、ほかに選択肢がある場合があります。ここでは特別休暇について説明します。

特別休暇とは労働基準法で義務付けられたものではなく、会社が独自に規定する休暇制度で、法定外休暇ともいわれます。福利厚生の一環として設けられており、会社の就業規則などに詳細が記載されています。

❶ 特別休暇の種類

たとえば次のような特別休暇が設けられていることがあります。

- **慶弔休暇**……結婚や親族の不幸などのライフイベントに付与されます。
- **リフレッシュ休暇**……勤続年数が一定期間に達した際に付与されます。
- **ボランティア休暇**……社会貢献活動を支援するため、ボランティア活動に従事する際に利用できます。

・**裁判員休暇**……裁判員等に選ばれた場合に，裁判員の仕事をする際に取得することができます。

・**自己啓発休暇**……特定の資格を取得するために学校に行くなど、自己啓発する際に取得できます。

❷給与の支払い

特別休暇を有給にするか無給にするかは、会社が決めることになっています。

❸特別休暇のメリット

特別休暇は就業規則などで認められているため、正当な権利として取得しやすい点がメリットとして挙げられます。また特別休暇を活用すれば、有給休暇を消化せずに他の日に充てることができます。

このように、メリットの多い特別休暇ですので、まずは就業規則を確認し、対象となる場合は積極的に活用しましょう。

Q25

休暇や休業を取得するとき

従業員が少ない会社だけど、思い切って産前産後休業を取得して出産することにしました。どんなことに注意したらいいのだろう……。

とりあえず、職場の他の人にすべてお任せで、休みを取得する

どっち

自分の仕事はしっかり引き継いで休みに入る

自分の休みも大切にしたい。
だけど自分が休みに入ったあとのことが少し心配……

先輩からの アドバイス

しっかり引き継ぎをすることが第一！

まず産前産後休業は、労働基準法に定められた労働者の正当な権利です。胸を張って申し出て構いません。早めに休みを取得することを上司に相談しましょう。

そしてあなたがしていた仕事を、ほかのチームメンバーにしっかりと引き継ぐことが大切だね。引き継ぎをしっかり行うことで、上司やチームメンバーもあなたの休業取得を応援することができます。あなた自身も心置きなく休みに入れますよね！

まずは自分が担当している業務をリスト化し、誰がどの部分を引き継ぐのかを整理しておくとよいですね。また、業務手順やポイントを簡潔にまとめた引き継ぎ資料を作成すると、引き継がれる側の負担も軽減されます。

一方で、「すべて自分で準備しなければ」と思い込む必要はありません。上司やチームメンバーとしっかりコミュニケーションを取り、引き継ぎの方法を相談しよう。

社労士からの専門的なアドバイス

チームで対応する意識を持ちましょう！

入社間もないうちに休業を申し出るとき、気を遣うのは無理もありません。一人ひとりの業務範囲が広い、規模が小さい会社であればなおさらです。チームのメンバーに迷惑をかけないように産前産後休業を取得したいですね。

休暇や休業はその期間が長い場合もあれば短い場合もあります。たとえ短くても、休暇や休業に入る前にすべきことがあります。ここでは、休暇や休業の期間を安心して過ごすために、心掛けるべきことを考えてみましょう。

❶ 早めに上司に申請する

休みに入る時期や、必要な引き継ぎ期間を早めに上司や同僚に伝えます。

❷ スケジュールの共有

休みに入るタイミングや復帰予定日を共有しましょう。上司やチームメンバー間で調整を行うことで、各人の予定が明確になります。

❸業務内容のリスト化

自分が担当している業務やプロジェクトをすべて書き出してみましょう。具体的な手順やポイントを記録しておきます。

❹引き継ぎ相手の選定

業務を誰に引き継ぐのか、上司やチームメンバーと相談して決めます。引き継ぎ先が明確でない場合は、上司に具体的な指示を仰ぎましょう。

❺引き継ぎ資料の作成

業務の流れや注意点を簡潔にまとめた資料を用意しておくと、上司やチームメンバーが安心して対応できます。特に、引き継ぎ洩れがないように注意しましょう。

❻円滑なコミュニケーション

引き継ぎを進めるうえで、上司やチームメンバーとの円滑なコミュニケーションが大切です。

自分一人で準備を進めるのではなく、周囲と相談しながらチームで対応する意識を持ちましょう。

コラム

有給休暇の取得率は上昇傾向！

有給休暇は労働者の権利だとお伝えしました。ところが、かつてはなかなか有給休暇の取得率（取得日数計／付与日数計）が伸びない時期が続きました。その理由として、「みんなに迷惑がかかるから」「あとで忙しくなるから」「職場の雰囲気で取得しづらいから」といった声が上位を占めていました。有給休暇を取得することに対し、いわゆる〝ためらい〟を持っていることが大きな要因となっていたようです。

最近では有給休暇の取得率は上昇傾向にあります。令和4年の1年間に企業が付与した年次有給休暇日数（繰越日数を除く）をみると、労働者1人平均は17・6日、このうち労働者が取得した日数は10・9日で、取得率は62・1％（前年は58・3％）となり、初めて60％を超えました。

令和元年に労働基準法が改正され、10日以上の年次有給休暇が付与される従業員に対して、5日以上の有給休暇を取得させることが義務付けられました。このことが浸透し、全体の底上げにつながったようです。

▼労働者１人平均年次有給休暇取得率の年次推移

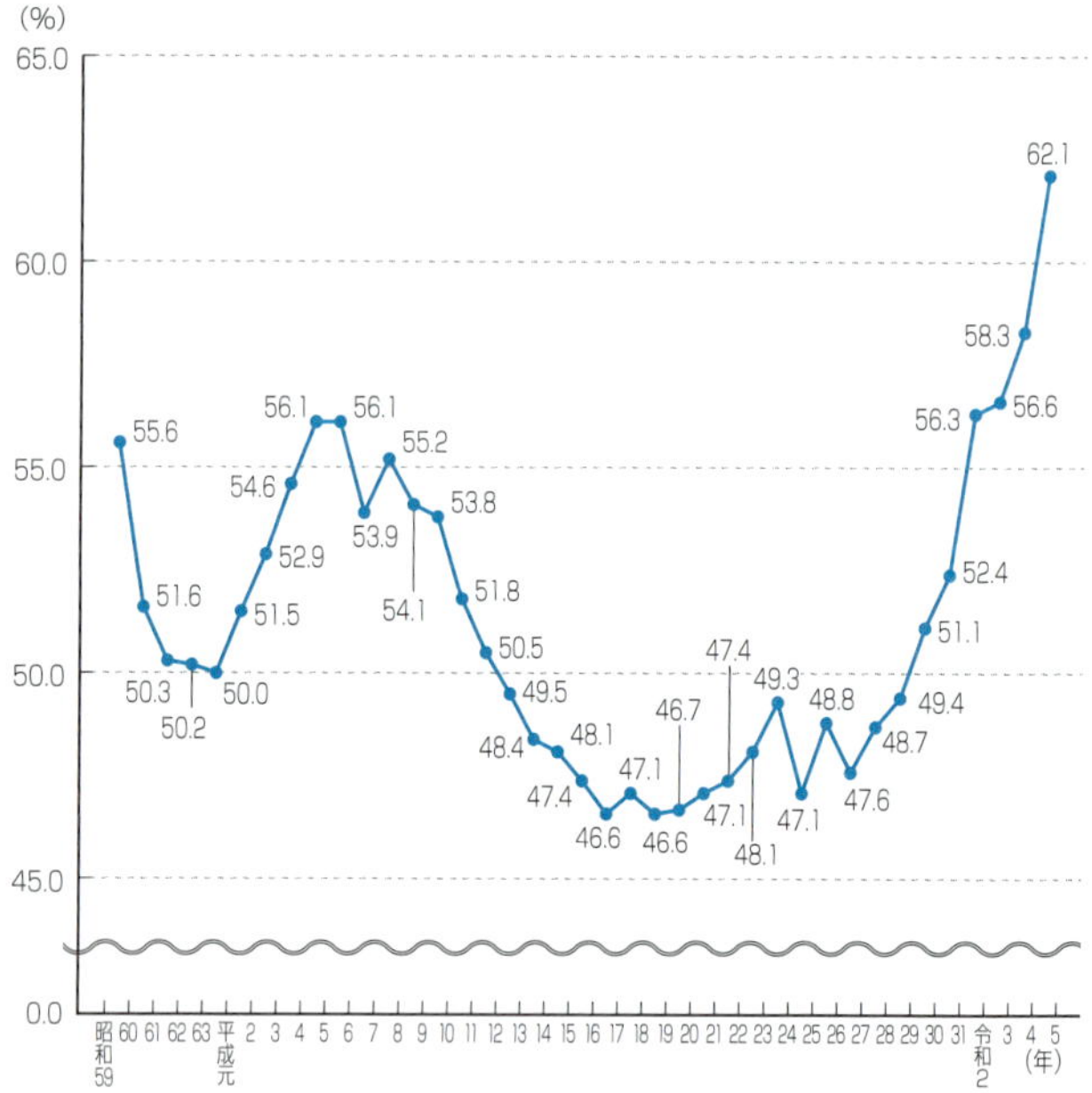

注：

1)「取得率」は、(取得日数計／付与日数計) × 100(%) である。

2) 年次については、平成13年以降は調査年（1月1日時点）の前年1年間の状況を表すものであり、平成11年以前は調査年（12月31日時点）1年間の状況を「賃金労働時間制度等総合調査」として取りまとめたものである。

3) 平成19年以前は、調査対象を「本社の常用労働者が30人以上の会社組織の民営企業」としており、平成20年から「常用労働者が30人以上の会社組織の民営企業」に範囲を拡大した。

4) 平成26年以前は、調査対象を「常用労働者が30人以上の会社組織の民営企業」としており、また、「複合サービス事業」を含まなかったが、平成27年より「常用労働者が30人以上の民営法人」とし、さらに「複合サービス事業」を含めることとした。

第５章

職場でのピンチの場面

職場にレッドカードはありません。
職場でのピンチにどう向き合い、解決したらいいか。
安心して働くための知識を学びましょう。

職場でのピンチの場面は、誰にでも起こりえるものです。

一日の大半の時間を過ごす職場でピンチの場面に遭遇すると、心の中は不安や悩みで一杯になります。

特に入社して間もない新しい環境の中ではなおさらです。


この章では、職場でありがちな小さな困りごとから、もし本当に遭遇したら困ってしまう深刻なピンチの場面まで採り上げます。どのように切り抜けていったらいいか、一緒に考えてみましょう。


職場でのピンチを放置すると心や体の健康を損なう恐れがあるため、問題に直面したら、早めに適切な行動を取ることが大切です。

もし職場でのピンチに巻き込まれても自分の正当な権利を守り、安心して働くための道筋を見つけてください。

Q26

飲み会の上手な断り方って？

飲み会の参加を強要されてしまいました。
いやだなあ……。
断りたいけど、どうやって断ったらいいのかな……。

あとで何を言われるかわからないから、いやいや参加する

どっち
?

体調がすぐれないことを理由に断る

相手も自分も
いやな思いにならないのは
どっち？

気が進まないプライベートの集まりは、波風立てずに断る！

飲み会などプライベートな集まりへの対応は、自分の気持ちを大切にしてください。ここでは波風たてずに断る方法を考えましょう。

❶ まず、お礼を言う

誘ってくれたこと、声をかけてくれたことに、まずお礼を言いましょう。誘う方だってエネルギーを使うので、感謝の意を表します。

❷ 次に、行かない理由を伝える

うそやごまかしではなく、「仕事が立て込んでいて」「今日は予定があるので」など理由を明確に言った方が、かえってスッキリした印象になります。

❸ 最後に、気持ちを伝えましょう

「すみません」「残念です」と、心苦しさを伝えましょう。本心でなくても構いません。それが誘ってくれた相手への礼儀というもの。

社労士からの専門的な アドバイス

飲み会を強要するのは、違法になる？

飲み会の参加を強要するのは、**パワハラ**に該当するのでしょうか？　パワハラとは、次の3要素を満たすものと言われています。

・優越的な関係に基づいて（優位性を背景に）行われること
・業務の適正な範囲を超えて行われること
・身体的もしくは精神的な苦痛を与えること、又は就業環境を害すること

パワハラに該当するかどうかは、強要した人との関係や、あなたが受けた苦痛の程度などを基に判断されます。

次にあげる行為は、違法行為となる可能性があります。

❶ 飲酒の強要で体調を崩した場合

あなたがお酒に弱いと自己申告していたにもかかわらず、上司がお酒を強要し、その結果あなたの体調不良を招いたり、精神的なダメージを受けた場合、被害の程度によってはパワハラとなる可能性があります。

❷飲酒を断った結果、仕事で嫌がらせを受けて退職した場合

飲み会で飲酒を断ったことがきっかけで上司が気分を害し、仕事で嫌がらせを受けたり、不当に評価を下げられることもパワハラに該当します。

ひどい嫌がらせを受け、退職に追い込まれた場合には不法に損害を受けたものとして損害賠償を請求できる余地があるでしょう。実際に飲み会の参加強要により損害を被り、裁判に発展した例があります。極めてアルコールに弱い部下に対して上司が飲酒を強要したとして、部下からの損害賠償請求を認めました。

▼先輩・上司との飲み会で心配に思うこと

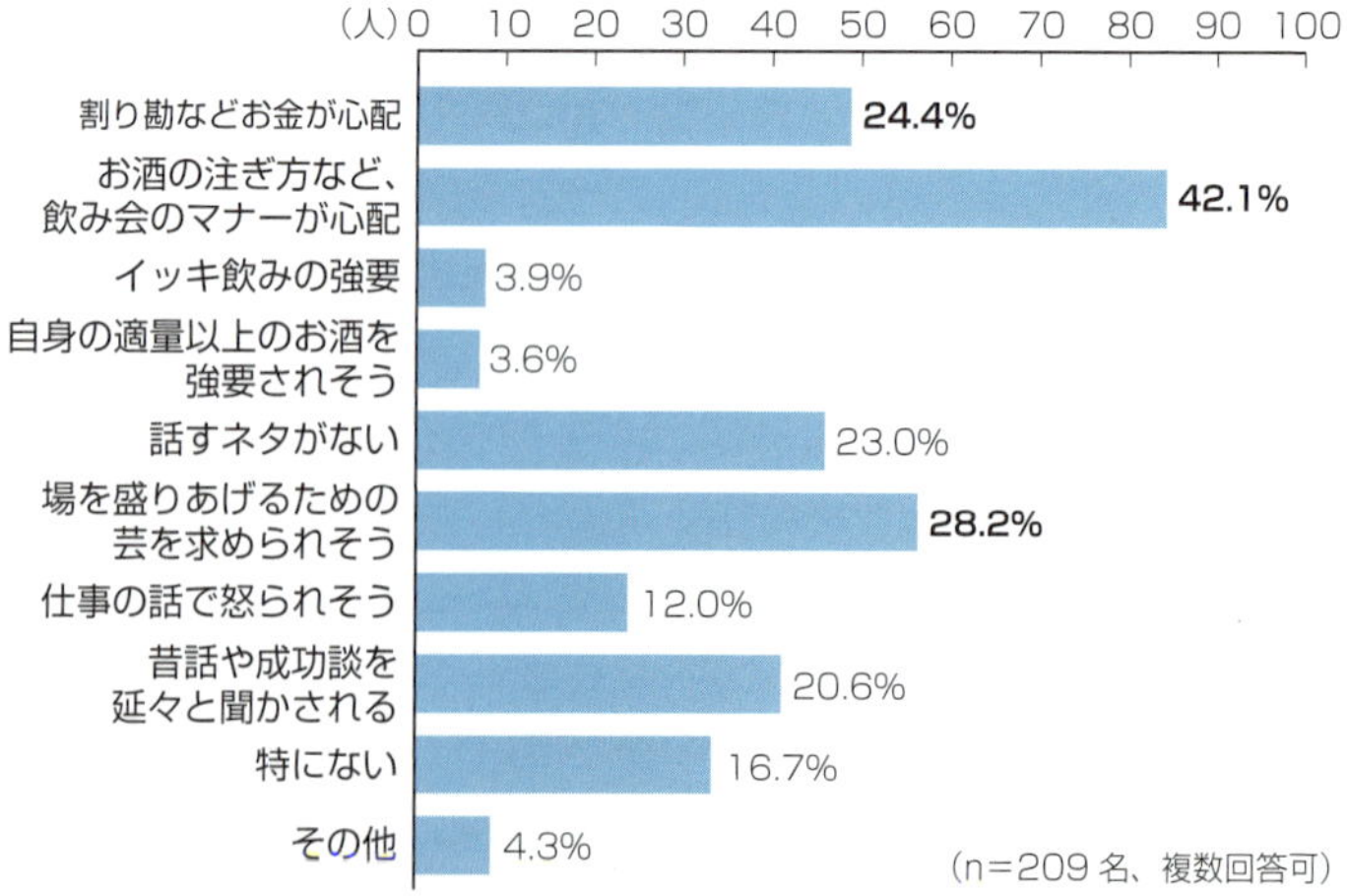

(人) 0 10 20 30 40 50 60 70 80 90 100
割り勘などお金が心配 24.4%
お酒の注ぎ方など、飲み会のマナーが心配 42.1%
イッキ飲みの強要 3.9%
自身の適量以上のお酒を強要されそう 3.6%
話すネタがない 23.0%
場を盛りあげるための芸を求められそう 28.2%
仕事の話で怒られそう 12.0%
昔話や成功談を延々と聞かされる 20.6%
特にない 16.7%
その他 4.3%
(n=209名、複数回答可)

出典：サッポロビール「飲み会シーズン到来！社会人1～3年目へ飲み会に関するアンケート調査」を元に作成

Q27

パワハラを受けたときには？

先輩から「バカヤロー！」と怒鳴られたり、ファイルで頭を叩かれたり、パワハラを受けています。どうしたらいいのだろう……。

我慢して先輩の態度が変わるのを待つ

どっち？

すぐに上司に相談する

肩身の狭い思いをしないで
働くためにはどっち？

パワハラには毅然として対応しよう！

職場で「バカヤロー！」と怒鳴ったり、身体的な攻撃をするのは、明らかにパワハラです！Q26でお話しした3要素のいずれにも該当します。どのような理由があっても、他人を傷つける行為が正当化されることはありません。この状況を放置することは、心や体の健康を損なうだけでなく、職場全体の環境悪化にもつながる可能性もあります。

まず大切なのは、あなたが自分自身を追い込んではいけません。そして我慢して状況が自然に変わるのを待つよりも、この問題を解決することを考えよう。まずは信頼できる上司や人事部に相談してみよう。**具体的な言動や日付を記録しておくと、状況を正確に伝えやすくなります**。

相談することで報復が心配かもしれないけれど、会社ではパワハラ防止のための規定があって、あなたを守るしくみが用意されているから大丈夫！

パワハラについて、さらに詳しく社労士さんにアドバイスしてもらおう。そして、勇気を出して一歩を踏み出してください。

社労士からの専門的なアドバイス

パワハラには6類型がある！

わかりました！　ではまず、パワハラとはどのような行為を指すのでしょうか？　パワハラの6類型が示されています。判断の参考にしてみてください。

❶ 身体的な攻撃

上司が部下に対して、殴打、足蹴りをするなどです。指導に熱が入り、頭を小突くなどの行為が該当します。

❷ 精神的な攻撃

上司が部下に対して、人格を否定するような発言をすることなどです。「給料泥棒」「死ね」などの暴言を言ったり、大勢の前で叱責するなどが該当します。十分な指導をせず放置しておく行為が精神的な攻撃になることもあります。

❸ 人間関係からの切り離し

自分の意に沿わない社員に対して、仕事を外し長期間にわたり別室に隔離したり、自宅で待機させたりすることが該当します。

❹過大な要求

上司が部下に対して、長期間にわたり過酷な環境下で作業を命じることなどです。たとえば、十分な指導をせず過去に経験のない業務に就かせたり、こなしきれない仕事を押しつけることなどが該当します。

❺過小な要求

仕事を与えないような行為です。上司が部下を退職させるために、本人の能力をはるかに下回る作業しかさせないことなどが該当します。

❻個の侵害

パートナーや配偶者との関係など、プライバシーをしつこく詮索する行為です。ほかにも、飲み会にしつこく誘ったり、家族の悪口を言うなどの行為が該当します。

このような状況に直面した場合、上司や人事部、会社で設置されている相談窓口のほか、職場外の相談窓口（160ページ）に、早めに相談しましょう。

Q28

メンタルが不調なときは？

このところ体調が悪く気分がすぐれません。
落ち込んで眠れない日が続いています。
どうしたらいいだろう、悩んでます……。

上司に報告し、産業医など専門家に診てもらう

どっち？

仕事が忙しいので、仕事を続けながら回復するのを待つ

仕事も大事だけど、
自分の心や体も
大事にしなくちゃ……。

相談する相手はいますか？

仕事に慣れないうちは、誰でも大なり小なり不安やストレスを感じるものですよね。あなたが抱えている気持ちは自然なことであり、自分を責める必要はありません。

まず、自分がどのように感じているのかを少しずつ周りに話してみよう。話すだけで気持ちが軽くなることがあります。話すのが難しければ、メモやメールなどで伝えてみてもいいかもしれません。

そして、時には休息を取ることも重要です。眠れない日が続くと、心や体のバランスが崩れやすくなります。眠るために環境を整えましょう。たとえば、寝る前のリラックスした時間を確保したり、スマホやＰＣの画面を見る時間を減らしてみたらどうでしょう。それでも眠れない日が続くようなら、医療機関や専門家に相談することも考えてみましょう。

少しずつでいいですから、状況を改善していきましょう。

焦らず、無理をせず、自分を大切にしてください。

メンタルヘルス対策は早期対応が大事!

メンタルヘルス不調は、現代の職場でよく起きる現象です。特に新入社員は、環境への適応や仕事に慣れる過程でストレスを感じることがあります。そのストレスが原因で心や体の不調を引き起こすことも珍しいことではありません。

❶ **メンタルヘルス不調**

メンタルヘルス不調とは、ストレスや不安、疲労などが蓄積し、心や体の健康を崩している状態のことです。具体的には、次のような症状が現れます。

・気分の落ち込みや意欲の低下
・集中力の低下
・不眠や過眠
・食欲不振または過食
・身体の不調（頭痛や胃痛など）

これらの症状が継続する場合、適応障害やうつ病など、より深刻な疾患に発展するリスクがあります。

❷メンタルヘルス不調の対応策

・**上司への報告**……上司に現状を伝えることで、適切な支援を受けられる可能性が高まります。

・**産業医や専門家への相談**……産業医や医療機関に相談することで、適切な治療や対処法を見つけることができます。

・**休養の検討**……短期間でも休養を取ることで、症状の回復が期待できます。

・**社会保険制度の活用**……メンタルヘルス不調の発症と業務との因果関係が認定されると、労災保険が適用されることがあります。また、健康保険から傷病手当金が支給される場合もあります。

▼精神障害の出来事別労災補償支給決定件（上位10項目、令和4年度）

順位	出来事の類型	支給決定件数※	
1	パワーハラスメント	147	(12)
2	悲惨な事故や災害の体験・目撃	89	(1)
3	仕事内容・仕事量の（大きな）変化	78	(16)
4	同僚等から、暴行又は（ひどい）いじめ・嫌がらせ	73	(0)
5	セクシュアルハラスメント	66	(0)
6	特別な出来事	61	(4)
7	（重度の）病気やケガ	42	(2)
8	2週間以上にわたって連続勤務	38	(9)
9	上司とのトラブル	23	(5)
10	1か月に80時間以上の時間外労働	21	(2)

※（）内は自殺（未遂を含む）の件数で、内数。

出典：厚生労働省「職場におけるメンタルヘルス対策の現状等」を元に作成

Q29

残業代の未払い？

仕事が忙しくなり、朝早く来て仕事をすることが増えています。朝早く出社したときは時間外を申告できる雰囲気ではありません。時間外を申告すべきなのかな……。

朝も率先して時間外を申告する

どっち？

朝は周囲に合わせて時間外を申告しない

夕方の時間外は申告しやすいけど、
朝の時間外って申告しづらい？

実際に働いた時間は、すべて申告する！

あなたが朝早く出社して仕事をするようになったのは、業務に真剣に取り組んでいるからこそでしょう。その努力は素晴らしいと思います。むしろ、あなたの部署に時間外労働を申告できない雰囲気があることが問題ですね。

実際に働いた時間はすべて労働時間としてカウントするよう、適切に管理されなければいけません。時間外労働を申告しないことは、あなた自身の健康や権利を守る観点からも避けるべきです。また、申告しないことで業務量の多さが見過ごされ、改善の機会を失ってしまう可能性もあるよね。

あなたの上司に相談し、業務量の現状や早朝出社の理由を伝えてみてはいかがですか。最初は、「忙しくて朝早く来る必要があるのですが、この時間がどう扱われるべきかわかりません」と正直に話すといいですね。会社には適切に対応する義務があるので、あなたが申告することは決して悪いことではありません。

第5章　職場でのピンチの場面

社労士からの専門的な アドバイス

残業代の未払いは、会社にとって大きなリスク！

労働時間とは「労働者が使用者の指揮命令の下に置かれている時間」であることは前にお話ししました。たとえ始業前であっても業務に従事している場合、その時間は労働時間に該当します。使用者は、労働者が実際に働いた時間を適切に把握し、賃金を支払う義務があります。

時間外を申告できない雰囲気が続き、実際の労働時間と給与が一致しない状態を放置すると、次のリスクがあります。

❶ 労働者への影響

長時間労働が蓄積すると、心と体の健康に悪影響を及ぼし、最悪の場合は過労死やメンタルヘルス不調につながる恐れがあります。また、働いた時間に対する正当な対価が支払われないため、経済的にも不利益を被ります。

❷ 会社への影響

残業代を支払わないことは労働基準法違反となり、監督機関からの指導や是正勧告、最悪の場合は罰則が科される可能性があります。社会からの信頼を失いかねません。

では、時間外労働が発生しているのに申告できない場合、どうしたらよいでしょうか。次の手順を検討してください。

①労働時間の記録を残す

まず、実際に働いた時間を正確に記録しましょう。手帳や業務日報などで構いません。あとから労働時間を証明できます。

②上司や人事部に相談する

上司や人事部に対して、「忙しくて朝早く出社していますが、労働時間としてカウントされるべきか確認させてください」などと相談してみてください。

③会社のハラスメントや労務相談窓口を利用する

会社が設置する相談窓口に、事実を伝えることも有効です。

④外部機関に相談する

会社に相談しても改善されない場合、労働基準監督署も頼りになります。

▼全国の労働基準監督署で取り扱った賃金不払事案

	令和4年	令和5年
件数（件）	20,531	21,349
対象労働者数（人）	179,643	181,903
金額（億円）	121.2	101.9

出典：厚生労働省「監督指導による賃金不払残業の是正結果」を元に作成

Q30

試用期間中の解雇は仕方ない？

入社から1か月して「試用期間中ですが、辞めてもらいます」と言われてしまいました。3か月は試用期間と説明されたけど、あまりに急で困ったなあ……。

試用期間中だから、解雇されても仕方ない

どっち

試用期間中でも、解雇は不当だ

試用期間って、
どういう契約なのかな？

試用期間中だからとあきらめないで！

試用期間中に解雇を言い渡されてしまったのですね。さぞ驚かれたことでしょう。試用期間と解雇について、正しい知識が必要ですね。

試用期間は、会社があなたの適格性があるかどうかを見極める期間です。でも試用期間だからといって、自由に解雇が認められるわけではありません。労働契約はすでに成立しているはずです。そのため**解雇を行うには、法律で決められた理由や手続きが必要となります**。会社は「気に入らなかった」というような理由だけで、解雇することはできません。「試用期間だから仕方ない」とあきらめる前に、解雇の理由を確認してみたらどうでしょうか。その理由が納得できない場合は、労働基準監督署に相談することも考えられます。

まずは解雇について社労士さんに詳しく聞いてみましょう。そしてあなたの権利を守るために、一緒に考えましょう。

社労士からの専門的なアドバイス

試用期間中でも労働契約は成立している！

わかりました。解雇についてですね！

試用期間中に「辞めてもらいます」と言われた場合、それが正当な理由に基づくものか、また手続きが適切に行われているかを確認することが重要です。試用期間中であっても、解雇には労働基準法に基づいた制約があり、不当な解雇であれば争うこともできます。順に見てみましょう。

❶ 試用期間

試用期間とは、会社が労働者の適格性を見極めるための期間です。試用期間であっても、労働契約はすでに締結されています。専門的な表現をすると、**解約権留保付労働契約**が成立している状態です。そのため、解雇については正社員と同等の扱いとなります。

試用期間は解雇がしやすい期間と誤解されることがありますので注意しましょう。

❷解雇の正当性について

労働契約法という法律に、「解雇は客観的に合理的な理由があり、社会通念上相当と認められない場合は、その権利を乱用したものとして無効」とされています。「履歴書を偽っていた」「勤務態度が極めて悪い」などは、解雇の理由となる可能性があります。

❸解雇の手続き

解雇する場合、**解雇予告**として、次のいずれかの手続きが必要です。

・遅くとも解雇する日の30日前に解雇予告する
・解雇予告手当（30日に足りない日数分の平均賃金）を支払う

この解雇予告の手続きは、14日を超えて使用されれば必要となります。

このように、試用期間中であっても、解雇には合理的な理由や適切な手続きが必要です。「試用期間だから仕方ない」と考えるのではなく、解雇理由や手続きが法律に照らして正当かどうかを確認しましょう。**不当解雇**の可能性がある場合、**労働基準監督署**や弁護士、社会保険労務士に相談し、適切な対応を取りましょう。

Q31

懲戒処分ってなに？

無断欠勤をしてしまいました。翌日上司から「きのう無断欠勤だったね。懲戒処分として解雇します」と言われてしまいました。たった一日無断欠勤しただけなのに……。

一回でも無断欠勤すれば解雇されるのは仕方がない

どっち？

たった一回の無断欠勤で解雇は不当だ

無断欠勤一回で
解雇されるのはどうなのかな？

先輩からの アドバイス

一回の無断欠勤で解雇は重過ぎる！

無断欠勤について上司から厳しい言葉を受けたとのこと、不安な気持ちでいることでしょう。無断欠勤は反省しなければいけませんね。しかし、一度の無断欠勤だけで即解雇とするのは、常識的に考えれば重すぎます。前に社労士さんから、解雇が正当であるためには、「客観的に合理的な理由があり、社会通念上相当と認められること」が必要と教えていただきました。

あなたの無断欠勤が解雇の理由として認められるのは、無断欠勤が繰り返され会社の運営に重大な支障をきたす場合や、悪質で改善の見込みがない場合などでしょう。一回の無断欠勤で即解雇にするのは、社会通念上相当というには無理があるように思います。

まずあなたの上司に謝罪し、無断欠勤の理由を正直に説明してみてはどうだろう。そして今後同じことを繰り返さないための改善策を考え、それを示してみるのがいいと思います。それでも解雇というのであれば、労働基準監督署や専門家に相談することで適切な対応を検討してください。

第5章　職場でのピンチの場面

社労士からの専門的な アドバイス

どのようなときに、どのような懲戒処分があるの？

会社は社内秩序を守るためのルールを決め、服務規律として就業規則に記載します。もしこのルールを守らない従業員がいれば、社内秩序を維持するために何らかの措置をとることになります。それが懲戒処分です。つまり従業員が社内秩序に違反する行為をしたときになされる、制裁罰としての不利益措置のことを懲戒処分といいます。

❶ 懲戒処分の種類

・**戒告・けん責**……従業員の将来を戒める、最も軽度の処分です。口頭で注意したり、始末書を提出させることもあります。

・**減給**……賃金から一定額を差し引く処分です。

・**出勤停止**……一定期間出勤を禁じ、その期間の給与を無給とする処分です。

・**降格**……従業員の役職や資格を、下位のものに引き下げる処分です。

・**諭旨解雇**……問題行動のあった従業員に対し退職届の提出を勧告し、提出しない場合は懲戒解雇する処分です。退職金は支払われる場合があります。

・**懲戒解雇**……問題行動に対する制裁として、従業員を解雇する処分です。多くの場合、退職金の全部または一部が支払われません。

❷ 懲戒処分に適用される原則

・**二重処罰の禁止**……1回の問題行動に対し、2回懲戒処分することはできません。
・**相当性の原則**……懲戒処分が問題行動の内容と比較して重すぎてはなりません。
・**平等処遇の原則**……懲戒処分が過去の処分との公平性の観点も重要とされています。

実際に慰安旅行の酒席でセクハラを理由に支店長を懲戒解雇した裁判では、セクハラは事実であるものの、懲戒解雇は重すぎるとして無効とした判例があります。

一度の無断欠勤で懲戒解雇とされるのは、相当性の原則に反する可能性があります。労働基準監督署や専門家に相談し、適切な対応を検討しましょう。

Q32

障がいを負ってしまったら？

バイクで事故ってしまった！
命は助かったものの、障がいを負ってしまいました。
仕事、どうしよう……。

これまでと同じ、元気に働く

どっち
?

これを機に仕事を辞めようか……。
悩む……。

弱気になっちゃうなあ……。

悲観せず、どう働くかを考えよう！

新入社員のあなたは、これまで自分が障がいを負うことなど想像もしなかったでしょう。でも事故や病気は誰にでも起こりうるものです。そんなときは「働けなくなってしまう」などと悲観しないで、「どうすれば働き続けられるか」を考えよう。

障がいを持って働ける環境は確実に広がっています。企業の多くは障がい者雇用を推進していて、合理的配慮を受けながら自分に合った働き方を選ぶことができます。たとえば、勤務時間や業務内容の調整、テレワークの活用、バリアフリーな職場環境の整備など、さまざまな選択肢があります。

障がい者雇用枠での就職や転職も選択肢になります。サポート体制の整った環境で自分の強みを活かすことができます。

大切なのは、「自分には何ができるのか？」を考え、それを活かす道を探すことです。会社や周囲に相談しながら、自分に合った働き方を見つけていこう。どんな状況でも働く意欲があれば、道は開けます。

社労士からの専門的なアドバイス

障がいを負っても、あなたらしく働き続けよう！

バイクの事故が原因で障がいを負ってしまったら、「これからどうすればいいのか」と不安になるのは当然です。しかし、障がいがあっても働き続ける道はたくさんあります。制度や支援をうまく活用すれば、自分に合った環境で力を発揮することができます。障がいを負ってしまった場合の働き方についてお話しします。

❶ 現在の会社で働き続ける

現在の会社で働き続ける場合、業務内容や勤務形態の調整を相談しましょう。たとえば、時短勤務や在宅勤務の導入、障がいに配慮した職場環境の整備などが考えられます。企業には合理的配慮の提供が義務付けられており、障がい者が働きやすいように環境を整える必要があります。

❷ 障がい者雇用枠

もしあなたが現在の会社で働き続けることが難しくなった場合でも、障がい者雇用枠での就職や転職という選択肢があります。障がい者雇用枠では、職場環境や業務内容を調整しながら働けるよう配慮されるため、自分に合った働き方を選びやすくなります。

❸障がい者雇用率制度とは？

一定の規模（労働者40人）以上の企業に対して一定割合以上の障がい者を雇用することを義務付ける制度です。現在、民間企業は常用労働者のうち2・5％以上の障がい者を雇用しなければなりません。企業はより多くの障がい者が安心して働ける環境を整え雇い入れることが求められています。

❹職業訓練を受け、新しい仕事に挑戦する

障がいを負ったことでこれまでの仕事が難しくなった場合、**ハローワーク**や**障害者職業センター**を活用し、**職業訓練**を受けるのもよい選択肢です。パソコンスキルや専門知識を身につけ、新しい職種への道を開くことができます。

▼雇用障害者数と実雇用率の推移

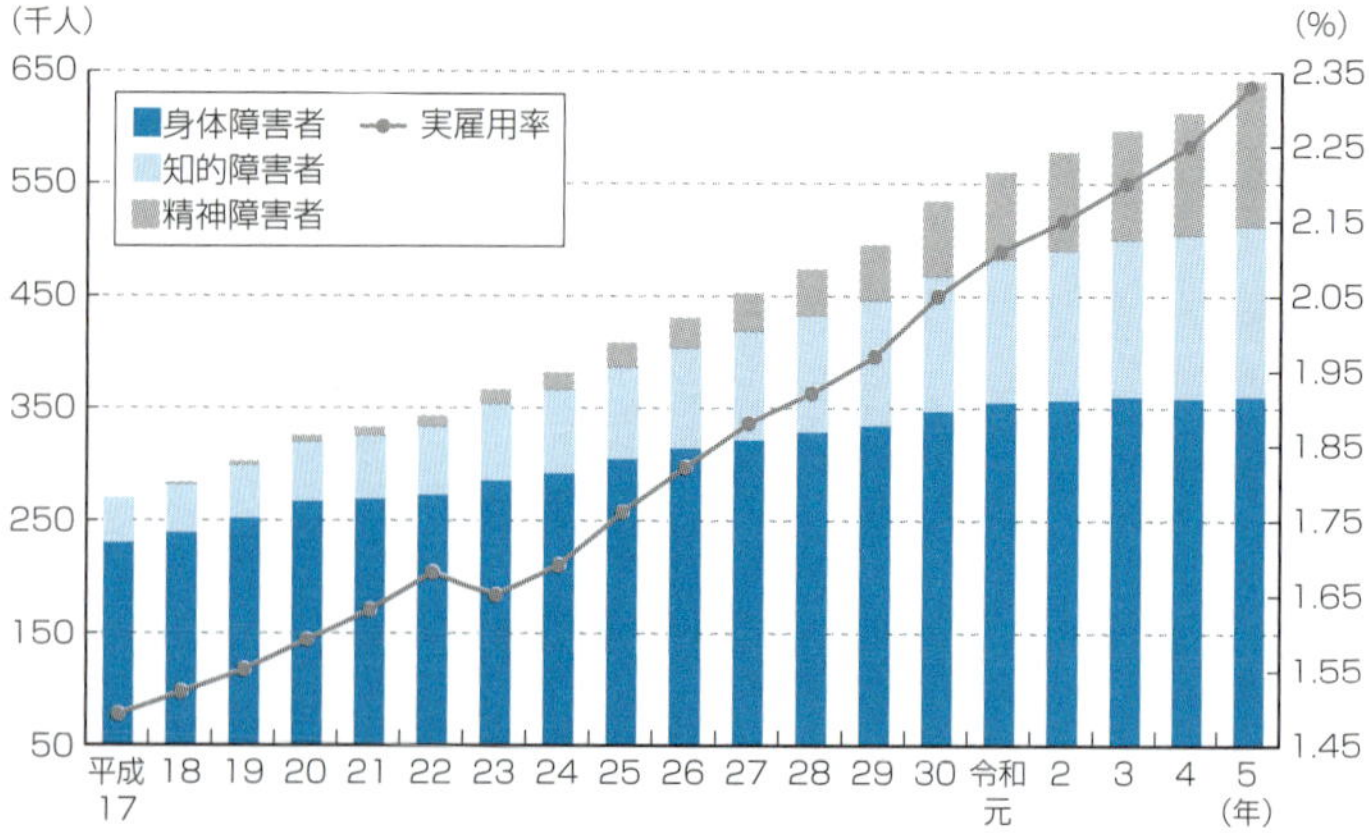

出典：厚生労働省「障害者雇用のご案内～共に働くを当たり前に～」を元に作成

Q33

困ったときの相談先は？

会社とのトラブルで困ったことがあったら
どうすればいいのかな。
すぐに誰かに相談したほうがいいのかな……。

すぐに誰かに相談せず、
自分でよく考える

どっち
?

くよくよ悩まず、
早めに専門家に相談する

早く解決するのは
どっちだろう？

先輩からの アドバイス

早めに誰かに相談する！

職場でのトラブルは、誰にでも大きなストレスになりますよね。入社して間もないうちはなおさらですね。まずお伝えしたいのは、トラブルを一人で抱え込む必要はないということです。自分で考えることも大切ですが、問題が解決しないまま悩み続けると心や体に負担がかかり、状況がさらに悪化する可能性があります。

早めに誰かに相談することをお勧めします。信頼できる人に話を聞いてもらうだけでも、状況が整理され解決の糸口を見つけやすくなります。

また、トラブルの内容が複雑な場合や、対応が難しいと感じる場合は、専門家に相談することも選択肢になります。社会保険労務士や弁護士などの専門家は、法律の観点から適切なアドバイスをしてくれます。

相談することは決してあなたの弱さではありません。問題解決に向けた前向きな行動です。一人で悩まず誰かに話してみましょう。まずは小さな一歩を踏み出してみてください。きっとよい方向へのステップになるはずです。

社労士からの専門的な アドバイス

困ったときは、専門家が対応してくれる！

職場でトラブルがあった場合、自分で解決すべきか、誰かに相談するべきか、誰に相談したらいいのか、といろいろ迷うことでしょう。トラブルを未解決のまま長期間放置することは、心や体の健康や仕事への影響を悪化させる恐れがあります。

もしトラブルの原因が明確であり、自分の努力や工夫で解決できると思えば、自分で解決策を考えるのもいいでしょう。たとえば業務のミスやスケジュール調整など、トラブルが比較的小さい場合が該当します。

一方、ハラスメントや残業代未払い、突然の解雇など、問題が大きく複雑で自分だけでは対応が難しい場合は、自分で抱え込まないでください。誰かに話すことが大切です。次のような相談先が考えられます。

❶ 職場内の相談先

・直属の上司や信頼できる先輩

問題を共有することで、適切な解決策を提案してもらえることがあります。

・人事部や総務部

職場のトラブル解決に向けた手続きを知っている部署です。特にハラスメントや労務問題については、対応マニュアルがある場合が多いです。

・ハラスメント相談窓口

多くの企業では、ハラスメントに特化した窓口を設置しています。匿名で相談できる場合もあります。

❷職場外の相談先

相談内容によって、相談窓口が異なります。下の表にある相談先を参考にしてみてください。

▼職場外の相談先

職場外の相談先	内容
職場トラブルの相談は…	
社労士会総合労働相談所	社会保険労務士会が運営する相談所です。全国47都道府県にあります。
総合労働相談コーナー	厚生労働省が設置する労働に関する相談所です。全国47都道府県の労働局にあります。
個別労働紛争の解決は…	
社労士会労働紛争解決センター	社会保険労務士会が運営する解決機関として、社労士が解決策を提示します。
仕事が原因のメンタルヘルス不調の悩みは…	
こころの耳	働く人のメンタルヘルス・ポータルサイト（厚生労働省サイト）です。
法律や裁判の相談は…	
日本司法支援センター（法テラス）	労働問題に限らず、法律問題の全般的な相談ができます。

コラム

ハラスメントの種類は？

この章では、パワハラについて考えました。しかし、ハラスメントはパワハラだけではありません。一般社団法人日本ハラスメント協会によると、ハラスメントの種類は30以上にも上ります。ほかにどのようなハラスメントがあるのでしょうか？

・**セクシュアルハラスメント**
性的な嫌がらせをして相手の就業環境を害すること。

・**マタニティハラスメント**
妊娠をしている人や出産を終えた人への嫌がらせ。

・**モラルハラスメント**
モラルに反した言葉や態度による嫌がらせ。

・パタニティハラスメント

育児休暇制度を利用しようとする男性への嫌がらせ。

・ハラスメントハラスメント

上司などに対して何かにつけて『これはハラスメントだ』と主張する行為。

・アルコールハラスメント

社会的な地位の強い者が立場を利用して弱い立場の人にアルコールを飲むように強要する行為。

・カスタマーハラスメント

客の立場を利用して自己中心的で理不尽な要求をする行為。

その他、どのようなハラスメントがあるか調べてみるとよいでしょう！

第6章

給与明細を見てみよう

給与明細には働く上で重要な情報が詰まっています。
そのしくみを理解し、
しっかり確認する習慣を身につけましょう。

給料日には、給料とともに給与明細が開示されます。

給与明細には、あなたの労働に対する対価がどのように計算されているかが記載されています。

勤怠欄では、出勤日数や労働時間、残業時間などが確認できます。

これは、給与計算の基礎となる重要な情報です。万が一、実際に自分が働いた日数や時間と異なる場合は、早めに担当者に相談しましょう。

支給額欄では、基本給や手当（残業手当や通勤手当など）が確認できます。

給与が正確に計算されているかチェックしましょう。

控除額欄には、税金や社会保険料が記載されています。

控除額が適切かどうかを確認し、不明点があれば総務や経理に問い合わせましょう。

最近では、給与明細は紙ではなくデータが掲示されることが多くなっています。

給料日には給与明細を確認することを習慣にしてください。

Q34

手当ってなんだろう？

初めての給料日です。給与明細を見てみると通勤手当がありました。手当ってなんだろう……。

手当とは、従業員に支払われる基本給以外のお金のこと

どっち

？

会社は通勤手当を支払わないといけないと決められている

お金をもらえるのはうれしいけど、手当ってなんだろう？

先輩からの アドバイス

基本給以外に支払われるのが手当！

手当とは、基本給に加えて支給される給与の一部で、特定の条件や状況に応じて支給されるものです。あなたの生活や働き方をサポートするために設けられていて、会社の福利厚生の一環として重要な役割を果たしています。

どのような手当が支給されるかは、会社の規定や就業規則に明記されていて、支給条件や金額などが細かく規定されています。新入社員のあなたは、これらの内容を今のうちに把握しておくことをお勧めします。

手当の種類や金額は、働き方や状況によって変わることがあります。たとえば異動や昇進などで勤務条件が変わったときに、手当の内容も勤務条件に応じて変動することがあります。ですから、自分の状況に応じて適切に手当が反映されているかを確認する習慣をつけましょう。

どのような手当があるのかを知っておくことは、これから会社で働く上でのモチベーションにもつながります。社労士さんに詳しく教えてもらいましょう！

社労士からの専門的なアドバイス

手当には、会社が支給しなければならない手当と、任意で支給する手当がある！

手当とは、会社から従業員に支払われる基本給以外の賃金のことをいいます。会社が基本給以外に手当を支給することは、従業員の会社に対する愛着を高めたり不満を和らげたりする意味もあり、会社の成長にもつながります。

手当は、法律で支給が定められた手当と、会社が独自に支給する手当の2種類に分けられます。主な手当について見ていきましょう。

❶ 法律で支給が定められている手当

・**時間外手当**……法定労働時間（1日8時間・週40時間）を超えて労働した場合、時間外手当（割増率25％以上）が支給されます。

・**休日手当**……法定休日（週に1日以上、または4週間に4回以上設定する休日）に労働した場合、休日手当（割増率35％以上）が支給されます。

・**深夜手当**……深夜22時から翌朝5時まで労働した場合、深夜手当（割増率25％以上）が支給されます。

❷ 会社が独自に支給する手当

・**通勤手当**……自宅と職場の往復交通費が支給されます。電車、バスなどの利用料金やガソリン代が一般的です。

・**役付手当**……部長や課長といった職位に応じて支給されます。

・**家族手当**……配偶者や子どもなど、家族がいる場合に支給されます。

・**住宅手当**……住宅にかかる費用の補填として支給されます。

・**食事手当**……昼食代をはじめ、食費を補助するために支給されます。

最近では、物価上昇に対するインフレ手当などを支給している会社もあります。自分の会社の手当を一度確認してみてください。

Q35

住民税？　所得税？

給与明細を見てみると、税金が引かれているのがわかりました。
税金ってこんなに引かれているんだ……。

所得税とは国に納める税金で、収入や所得によって金額が異なる

どっち
？

住民税とは地方公共団体に納める税金で、会社の所在地で金額が決まる

会社が僕の代わりに
税金を払っているわけだ……。

先輩からの アドバイス

給与から控除される税金って何？

給与明細を見ると、所得税と住民税が差し引かれているのに気づくと思います。あなたにとって大切な給与なので、これらの税金が控除される理由をぜひ知っておきましょう。

所得税と住民税は、国や地域社会を支えるための資金源です。学校や病院、道路の整備、警察や消防の運営など、私たちの生活を快適で安全にする公共サービスに使われています。また、高齢者や低所得者を支援するための福祉にも役立てられています。給与から税金が差し引かれることは、負担に感じられるかもしれませんね。でも税金は社会の一員として支え合い、誰もが安心して暮らせるしくみを作る大切な役割を担っています。このしくみを理解して、社会の一員としての意識を持つことが大切ですね。

▼給与明細の例

勤怠			
出勤日数			○○
有給日数			○
欠勤日数			
特別休暇			
勤務時間	時間外	残業時間	○○
		休出日数	
		休出時間	
		深夜残業	
遅刻早退		遅早回数	
		遅早時間	

支給額	
基本給	○○○,○○○
職務手当	
家族手当	
住宅手当	○○,○○○
通勤手当	○,○○○
時間外手当	○○,○○○
支給額	○○○,○○○

控除額		
法定控除額	健康保険料	○,○○○
	厚生年金保険料	○○,○○○
	雇用保険料	○○○
	所得税	○,○○○
	住民税	○,○○○
法定控除計		○○,○○○
控除額その他	一般財形	○○,○○○
	組合費	○○○
その他控除額計		○○,○○○
控除額合計		○○,○○○
差引支給額		○○○,○○○

所得税は国税、住民税は地方税！

先輩のお話から、税金は国や地域社会を支えるために大切な資金源であることがお分かりいただけたと思います。**所得税は国に支払う国税、住民税はあなたが住んでいる地方公共団体に支払う地方税です。** 税金に関する知識は社会人として重要なステップですので、これを機会に理解しておきましょう。なお、税金に関する詳細は税理士さんに確認しましょう！

❶ 所得税について

所得税は、あなたの1年間の**課税所得**（収入から必要経費や所得控除を差し引いた金額）に応じて課税されます。その所得税額は、課税所得に応じた税率をかけて、さらに税額控除を差し引いた額になります。

給与からは毎月、源泉徴収という形で差し引かれています。これは会社があなたの給与を支払う際に、一定の税額をあらかじめ国に納める仕組みです。

年末には年末調整という手続きが行われ、1年間の税額が正確に計算されます。所得控除や税額控除を正しく申告すれば、払いすぎた税金が還付されることもあります。

こうしたしくみをぜひ理解しておきましょう。

❷住民税について

住民税は所得税と異なり、前年の所得に基づいて計算されます。そのため、新入社員の場合、前年に収入がなければ住民税は発生せず、通常は翌年度から引かれるようになります。

住民税には、所得に応じて課される**所得割**と、すべての納税者に一律に課される**均等割**の2つの部分があります。所得割の税率は全国一律10％（市町村民税6％＋道府県民税4％）ですが、地域によって独自の税金が上乗せされることもあります。この住民税は、あなたが住んでいる地域の福祉や教育、インフラ整備に使われています。会社員の場合は、6月から翌年5月まで12回に分けて給与から天引きされます。

▼所得控除と税額控除

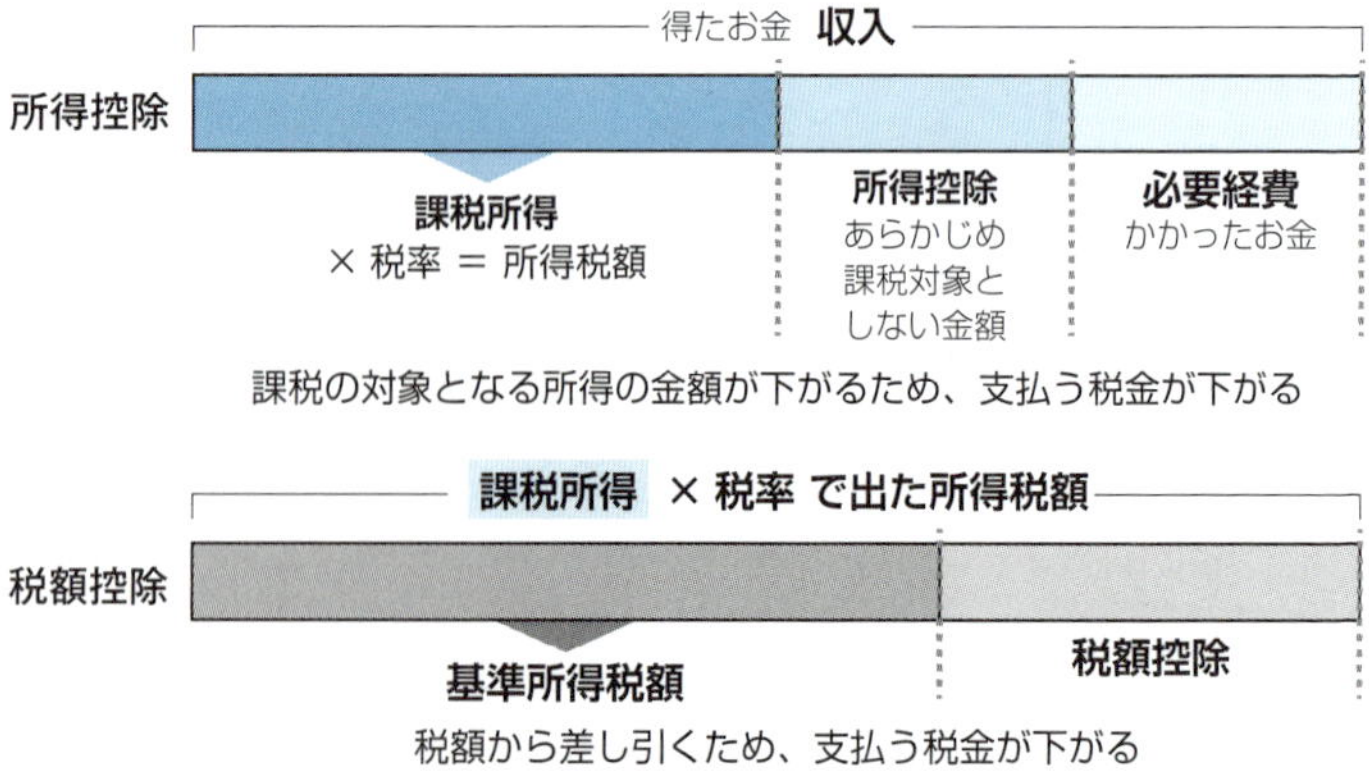

得たお金 収入
所得控除
課税所得
× 税率 ＝ 所得税額
所得控除
あらかじめ
課税対象と
しない金額
必要経費
かかったお金
課税の対象となる所得の金額が下がるため、支払う税金が下がる
課税所得 × 税率 で出た所得税額
税額控除
基準所得税額
税額控除
税額から差し引くため、支払う税金が下がる

出典：三菱UFJ銀行「控除（所得控除）とは？　意味や種類、控除を受ける方法をわかりやすく解説！」を元に作成

Q36

社会保険ってなに？

給与明細をよく見てみると、健康保険料、厚生年金保険料、雇用保険料などが引かれていることに気づきました。この保険ってなんだろう……。

健康保険、厚生年金保険、雇用保険、生命保険の４つを社会保険という

どっち？

会社が保険料全額を負担し、労働者は負担していない社会保険がある

社会保険ってなんだろう……。

先輩からの アドバイス

社会保険は5つある！

給与明細を見て、健康保険料や厚生年金保険料、雇用保険料が引かれていることに気づいたんですね。これらは社会保険料といいます。社会保険は私たちの生活を支える大切なしくみです。

社会保険とは、広義には、健康保険、介護保険、厚生年金保険、雇用保険、労災保険の5つを指します。狭義では、**健康保険、厚生年金保険、介護保険の3つを社会保険**と呼び、**雇用保険**と**労災保険**の2つは**労働保険**と呼ぶこともあるんだ。ここでは広義の5つを社会保険として考えてみよう。私たち会社員は、会社を通じてこれら社会保険に自動的に加入します。**なお、生命保険とは加入が義務付けられていない民間の保険です。社会保険ではありません。**

社会保険は、みなさんが安心して生活するためのサポートが充実しています。金額が高く感じるかもしれないけれど、長期的に見るととても重要なしくみです。しっかり理解することが安心につながります！

社労士からの専門的なアドバイス

社会保険は将来のあなたを守る大事なしくみ！

社会保険は、みなさんの生活や仕事を支える重要なしくみです。新入社員のみなさんにとっては、自分の将来を守るための基盤となるものです。

❶ 健康保険

健康保険は、ケガや病気をしたときに医療費の負担を軽減するための制度です。通常、医療費の３割を負担すれば治療を受けられます。

さらに、出産手当金や傷病手当金といった給付もあります。これらは働けない期間中の収入を補うためのものです。安心して治療や休養に専念できます。

❷ 厚生年金保険

厚生年金保険は、主に老後の生活を支えるための年金制度です。定年後には国民年金に上乗せされた年金を受け取ることができます。

障害や死亡時にも給付があり、生活の安定をサポートします。

❸ 介護保険

介護保険は、40歳以上になると加入義務が生じる制度で、介護が必要な高齢者やその家族を支えるためのしくみです。一部の自己負担で訪問介護やデイサービスなどを利用できます。高齢化社会で安心して介護を受けられる基盤となっています。

❹ 雇用保険

雇用保険は、雇用の継続が困難になったときの生活を支えるための保険です。失業したときには、失業手当（基本手当）が支給されます。さらに、育児休業や介護休業を取得するときや、教育訓練を受けるときにも支給されます。

❺ 労災保険

労災保険は、仕事中や通勤途中のケガや病気を補償する制度です。医療費は全額が支給されるほか、働けない期間中の休業補償もあります。また、障害が残った場合や死亡した場合にも補償が受けられます。**保険料は全額を会社が負担します。**

▼保険料の労働者と事業主間の負担割合

保険の種類	労働者の負担	事業主の負担
健康保険	1/2	1/2
厚生年金保険	1/2	1/2
介護保険	1/2	1/2

保険の種類	労働者の負担	事業主の負担
雇用保険	少なく負担	多く負担
労災保険	なし	全額

Q37

最低賃金ってあるんだ！

給与明細を見て思いました。
〝新入社員だから給料が安くても仕方ないか……〟
最低の給料って決まっていると聞いたことあるけど……。

最低賃金は市区町村ごとに決められている

どっち？

最低賃金は都道府県ごとに決められている

働いている場所で
最低賃金って違うの？

先輩からの アドバイス

最初は少なくても、給料は努力や成長次第で増えていく！

新入社員のうちは、給料が安いと感じるかもしれませんね。確かに最初は少しがっかりするかもしれません。でも、今の収入はあくまでスタートラインです。経験やスキルに応じて段階を上っていくことになります。これから仕事を通じてステップアップしていけば、給料も自然に上がっていきます。がっかりしないでくださいね。

特に新入社員のあなたは、今の時期に多くのことを学び経験を積むことがとても大切です。この時期に何を身につけるかが、将来の収入やキャリアに大きく影響します。身につけたスキルを活かし、結果を積み重ねることで昇進や昇給につなげていってください。短期的な結果ではなく、長期的な視点であなた自身の成長を考えてみてください。

それでも給料が安すぎると思うならば、最低賃金について確認してみてください。

最低賃金について、社労士さんのアドバイスを聞いてみましょう。

最低賃金は都道府県ごとに決められ、毎年見直される！

入社して間もないころは、給与が高くないと感じることもあるかもしれません。ただし、どの会社も法律で定められた最低限の基準以上の給与を支払う義務があります。この基準が**最低賃金**と呼ばれるものです。

最低賃金は、働く人に対して必ず支払わなければならない賃金の最低額を定めたものです。日本には**最低賃金法**という法律があり、都道府県ごとに最低賃金が設定されています。この法律の目的は、賃金の最低額を保障することで労働者の生活の安定を図ることにあります。

最低賃金は毎年見直され、物価や経済状況を反映して引き上げられることが一般的です。もしあなたの給与が安いと思ったら、時間単価が最低賃金を下回っていないかを確認してみるとよいでしょう。

最低賃金には、次の2つの種類があります。

❶地域別最低賃金

都道府県ごとに設定され、その地域で働くすべての労働者に適用されます。東京都の最低賃金を見ると、その他の地域よりも高く設定されています。

❷特定（産業別）最低賃金

特定地域内の特定産業に設定される最低賃金です。たとえば、北海道では乳製品の業種に属する労働者に適用されます。

地域別最低賃金と特定最低賃金の両方が適用される場合には、高い方の最低賃金額以上の賃金が支払われなければなりません。

令和6年の賃金改定状況は、1人あたり平均賃金の改定率が4・1％（前年3・2％）となっています。賃金は上昇する傾向にあります。たくさん給料がもらえるように、がんばりましょう！

▼地域別最低賃金一覧（47都道府県）

() 内は令和5年に改定された最低賃金額

都道府県名	最低賃金時間額（円）	引上げ率（%）	発効日（令和6年）
北海道	1,010 (960)	5.2	10月1日
青森	953 (898)	6.1	10月5日
岩手	952 (893)	6.6	10月27日
宮城	973 (923)	5.4	10月1日
秋田	951 (897)	6.0	10月1日
山形	955 (900)	6.1	10月19日
福島	955 (900)	6.1	10月5日
茨城	1,005 (953)	5.5	10月1日
栃木	1,004 (954)	5.2	10月1日
群馬	985 (935)	5.4	10月4日
埼玉	1,078 (1,028)	4.9	10月1日
千葉	1,076 (1,026)	4.9	10月1日
東京	1,163 (1,113)	4.5	10月1日
神奈川	1,162 (1,112)	4.5	10月1日
新潟	985 (931)	5.8	10月1日
富山	998 (948)	5.3	10月1日
石川	984 (933)	5.5	10月5日
福井	984 (931)	5.7	10月5日
山梨	988 (938)	5.3	10月1日
長野	998 (948)	5.3	10月1日
岐阜	1,001 (950)	5.4	10月1日
静岡	1,034 (984)	5.1	10月1日
愛知	1,077 (1,027)	4.9	10月1日
三重	1,023 (973)	5.1	10月1日
滋賀	1,017 (967)	5.2	10月1日
京都	1,058 (1,008)	5.0	10月1日
大阪	1,114 (1,064)	4.7	10月1日
兵庫	1,052 (1,001)	5.1	10月1日
奈良	986 (936)	5.3	10月1日
和歌山	980 (929)	5.5	10月1日
鳥取	957 (900)	6.3	10月5日
島根	962 (904)	6.4	10月12日
岡山	982 (932)	5.4	10月2日
広島	1,020 (970)	5.2	10月1日
山口	979 (928)	5.5	10月1日
徳島	980 (896)	9.4	11月1日
香川	970 (918)	5.7	10月2日
愛媛	956 (897)	6.6	10月13日
高知	952 (897)	6.1	10月9日
福岡	992 (941)	5.4	10月5日
佐賀	956 (900)	6.2	10月17日
長崎	953 (898)	6.1	10月12日
熊本	952 (898)	6.0	10月5日
大分	954 (899)	6.1	10月5日
宮崎	952 (897)	6.1	10月5日
鹿児島	953 (897)	6.2	10月5日
沖縄	952 (896)	6.3	10月9日
全国加重平均額	1,055 (1,004)	5.1	―

出典：厚生労働省「必ずチェック！最低賃金！」を元に作成

▼ １人平均賃金の改定額及び改定率の推移

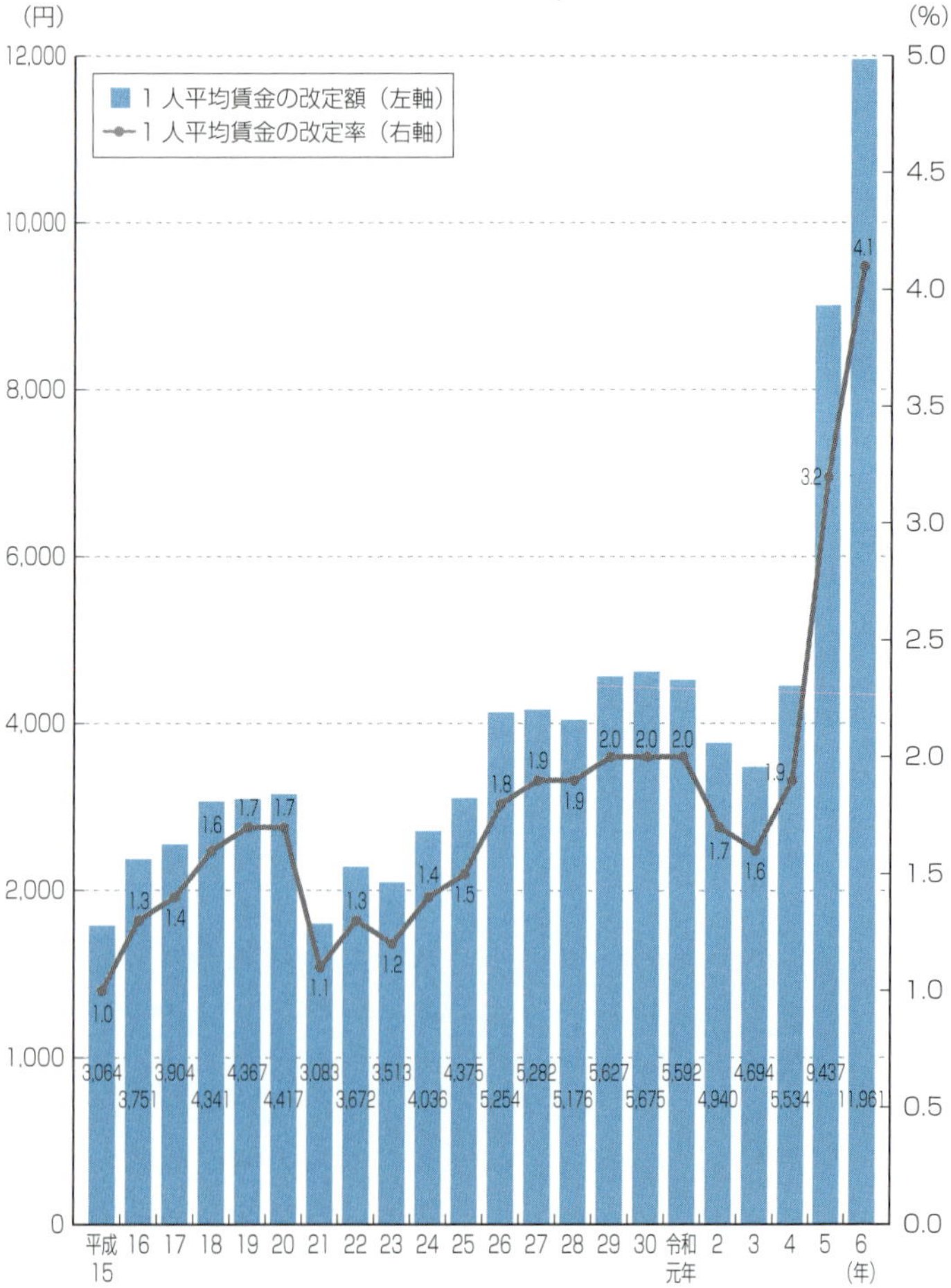

注：賃金の改定を実施した又は予定していて額も決定している企業及び賃金の定を実施しない企業についての数値である。

出典：厚生労働省「賃金の改定額及び改定率」を元に作成

Q38

なぜ賞与ってもらえるの？

初めて賞与をもらいました！
給料以外のお金って、すごく助かるなあ……。

賞与の額は、あらかじめ確定している

どっち？

賞与の額は、勤務成績などに応じて決められる

次の賞与もたくさんもらえたら
いいな。たくさんもらうためには、
どうしたらいいのかな……。

先輩からの アドバイス

賞与には自分の努力や成果が反映される！

初めての賞与、おめでとうございます！

賞与は一度に大きな金額が支給されるので、嬉しくなりますね。何に使おうか、いろいろと思い巡らすこともあるかと思います。

賞与は会社ごとのルールや方針に基づいて支給されるもので、支給される金額にはいくつかの要素が影響します。たとえば、会社の業績や個人の勤務成績、勤続年数などに基づいて決まるのが一般的です。つまり、賞与の額はあらかじめ決まっているわけではないのです。あなた自身の努力や成果が賞与に反映されることになります。

賞与は自分の努力や貢献を振り返るよい機会です。あなたが思ったように、次回の賞与をもっとたくさんもらうにはどうしたらよいか、目標を立ててみるのも自分の成長につながります。

賞与について、社労士さんに聞いてみよう！

社労士からの専門的な アドバイス

賞与は必ず支給されるとは限らない！

賞与は給与と並んで重要な報酬の一部であり、そのしくみを理解することは社会人として大切な一歩です。この機会に賞与の基本的なしくみや金額の決定方法を理解しましょう。

❶ 賞与の法的な位置づけ

賞与の支給は法律で義務づけられているわけではありません。**支給するかどうかやその額は、その会社が決めてよいことになっています**。ただし、就業規則に賞与を支給すると記載されている場合は、そのルールに従う必要があります。

❷ 賞与の性格

賞与は、一般的に次のような性格があるとされています。

・**生活補填的性格**……月々の給与を補う生活補填的なもの
・**功労報酬的性格**……従業員の貢献に対する功労報酬的なもの
・**勤労奨励的性格**……今後も労働に励んでもらうためのもの
・**収益分配的性格**……会社の利益を分配するためのもの

❸賞与の種類

賞与の額がどのように決められるかにより、次の3つの種類があります。

・**基本給連動型賞与**……「基本給の〇か月分」といった計算で支給する賞与

・**業績連動型賞与**……会社や部署の業績に連動して支給額が変動する賞与

・**決算賞与**……会社の決算月の前後に支払われる賞与

❹賞与が支給される時期

賞与が支給される時期は、一般的には夏季と冬季の年2回です。会社によっては、決算月の前後に支払われる決算賞与を支給する場合もあります。

▼事業所規模別賞与推移

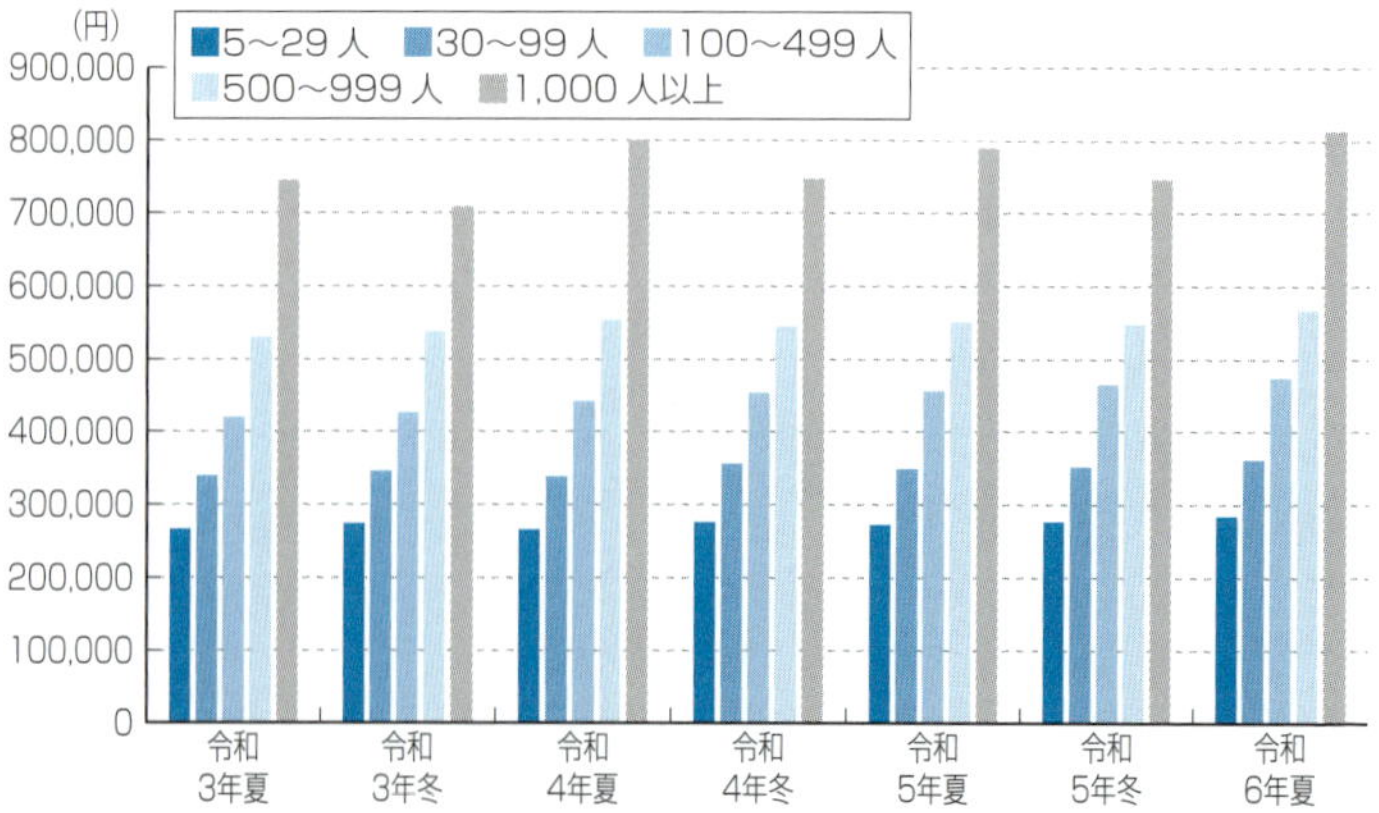

出典：「毎月勤労統計調査　全国調査／年末賞与」「毎月勤労統計調査　全国調査／夏季賞与」を元に作成

コラム

日本の賃金の伸びは低い！

日本の賃金は上昇傾向にあることをお話ししました。ところがG7各国の賃金の伸びをみてみると、日本の伸びが低いことが分かります。各国の1991年の賃金を100とすると、2020年の名目賃金は、アメリカ278・7、イギリス265・6に比べて、日本は111・4となっています。物価の伸びを考慮した実質賃金も、日本は103・1となっており、イタリアを除く各国に比べて伸びが低いことがわかります。

賃金の伸びが低い背景には、いくつかの要因が考えられます。主な理由の一つは、長期間にわたる経済の停滞です。1990年代以降の「失われた30年」を経て日本企業はコスト削減を重視し、賃金を抑制してきました。さらに最近の円安や物価高によるコストの上昇は、企業が賃上げに慎重になる要因となっています。

日本の労働生産性の伸びが他の先進国に比べて緩やかなことも、賃金の伸びに影響しています。労働生産性が上がらなければ、企業は利益の増加を賃金に反映しにくいため、賃金の伸びも限定的になります。

▼G7各国の賃金（名目・実質）の推移

●G7各国の名目賃金の推移

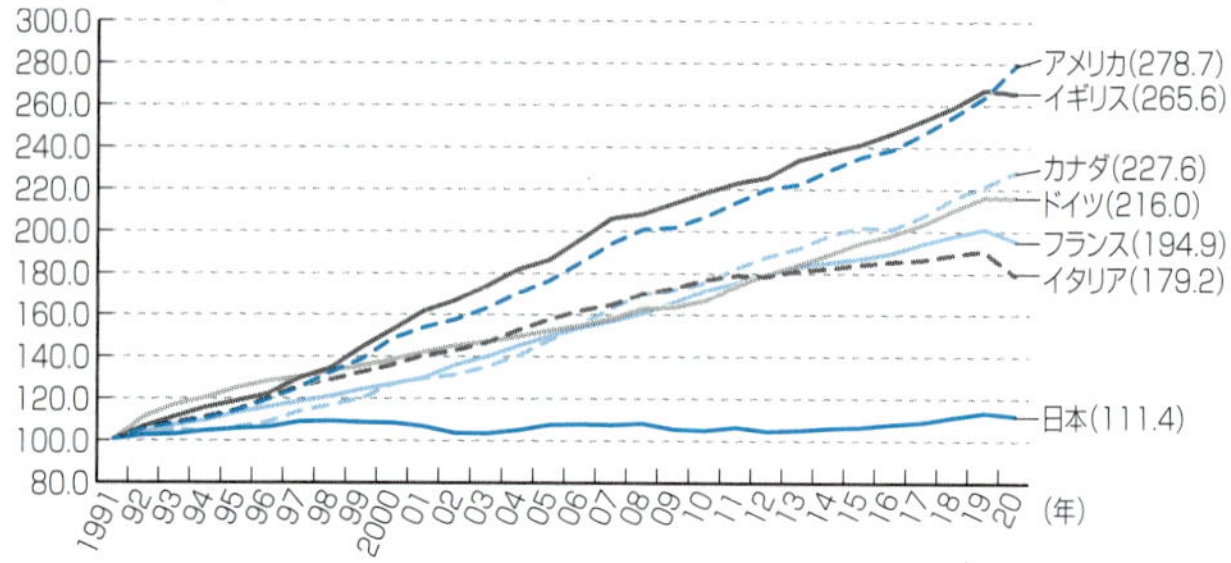

●G7各国の実質賃金の推移

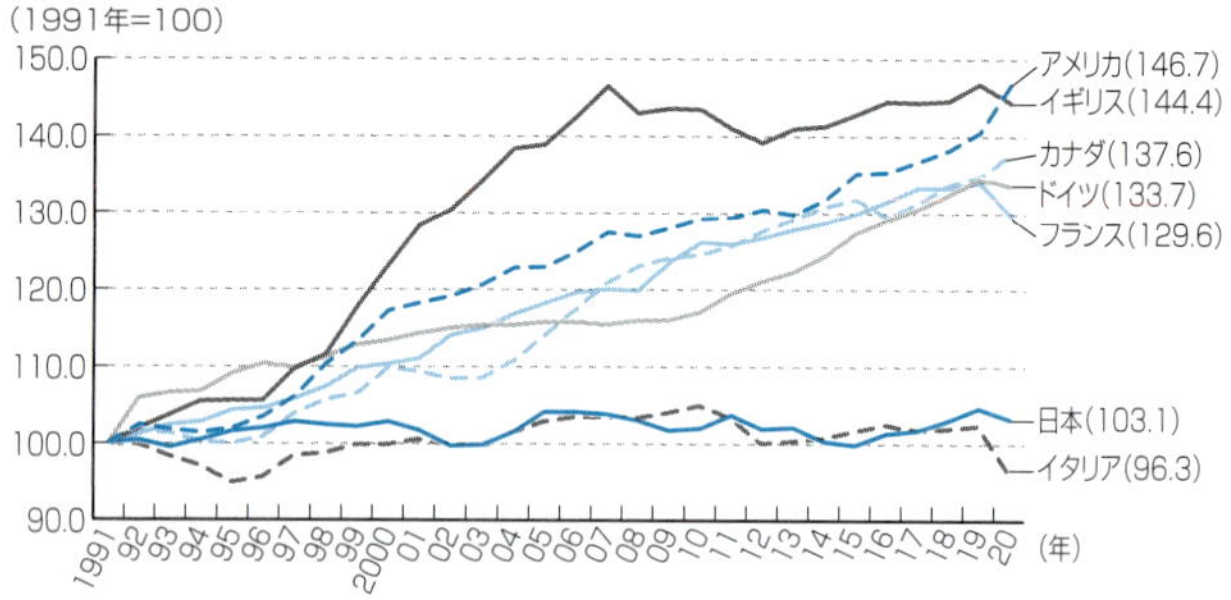

注：

1) 1991年を100とし、推移を記載している。なお、OECDによるデータの加工方法が不明確なため、厳密な比較はできないことに留意。なお、我が国の計数は国民経済計算の雇用者所得をフルタイムベースの雇用者数、民間最終消費支出デフレーター及び購買力平価で除したものと推察される。
2) 名目賃金は、OECDが公表する実質賃金に消費者物価指数の総合誌巣を乗じることで算出している。

資料出所：OECD.StatにおけるAverage Annual Wagesを元に作成。購買力平価ベース

出典：厚生労働省「令和４年版 労働経済の分析」を元に作成

第7章

ケガや病気で病院へ行くとき

いつ起こるかわからないのがケガや病気です。
ケガや病気に備えるしくみを理解しましょう。
そして安心して生活するための基礎知識を身につけましょう。

国民皆保険という言葉を聞いたことがあるでしょうか?

日本ではすべての国民が公的医療保険制度に加入することになっています。

このことを国民皆保険といいます。

比較的安価でレベルの高い医療を受けられるところが日本の公的医療保険制度の特徴であり、大きなメリットです。

日本では当たり前に思われますが、アメリカをはじめ諸外国では、国民皆保険が導入されていない国が多いのが現状です。

では会社に入ったみなさんは、どのような公的医療保険制度に加入しているのでしょうか?

また、どのようなときに保険給付されるのでしょうか?

公的医療保険制度は、ケガや病気などのときにとても頼りになる制度です。

これからの生活の安心のために、概要を理解しておきましょう。

Q39

国民皆保険とは？

日本では、みんな公的医療保険に入っているって聞いたことがある。
会社員の僕が入っている公的医療保険って何だろう？

国民健康保険かな？

どっち？

健康保険って聞いたことある！

公的医療保険って、
どうなっているんだろう？

まず、自分が加入している医療保険を理解しよう！

あなたもご存じのとおり、日本ではすべての国民が何らかの**医療保険**に加入することになっています。そして医療保険はいくつかに分かれていて、働き方や年齢によって加入している制度が違っているのです。

医療保険の全体像は、下の図のようになっています。そしてそれぞれの制度は、多くの経営主体（保険者）によって運営されています。

このように、医療保険はその制度や保険者が多岐に渡っています。まず、あなたが加入している健康保険について、そのしくみを理解しておきましょう。その上で、どのような人がどの医療保険に加入しているのか、知っておきましょう。

▼公的医療保険制度のしくみ

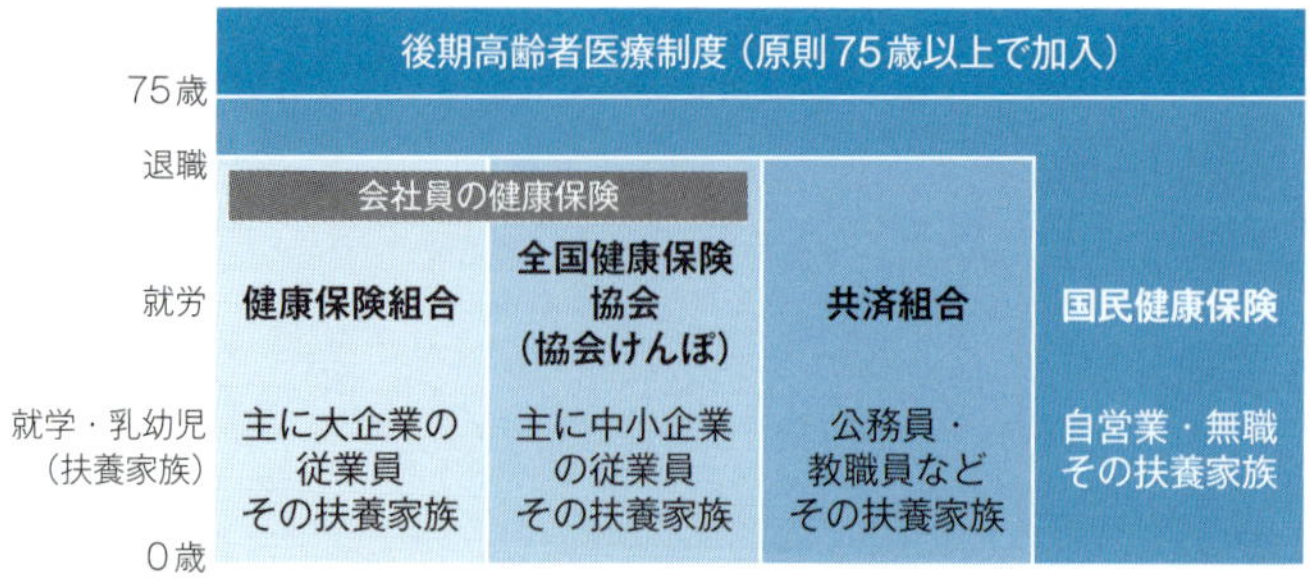

出典：太陽生命「公的医療保険制度をわかりやすく解説！　種類や仕組みを知ろう！」を元に作成

社労士からの専門的なアドバイス

健康保険のしくみを理解しよう!

まず、どのような医療保険の制度があるのか見ていきましょう。

❶ 医療保険の制度

・健康保険

民間の会社で働いている人は、**健康保険**に加入することになります。健康保険は、**健康保険組合**と**全国健康保険協会**（**協会けんぽ**）の2つに分かれます。

健康保険組合は、主に大企業に勤める人が加入します。保険者には、会社が単独で設立する単一組合や、同種同業の企業が合同で設立する総合組合などがあります。

協会けんぽは、主に中小企業に勤める人が加入します。

・共済組合

共済組合とは、公務員、私立学校の職員などが加入する制度で、**国家公務員共済**、**地方公務員共済**と**私学共済**などに分かれます。

・国民健康保険

自営業者や無職の人など、他の医療保険制度に加入していない全ての人を対象とした制度です。都道府県及び市区町村が保険者となる市町村国保と、業種ごとに組織される国民健康保険組合から構成されています。

・後期高齢者医療制度

75歳以上の人と、65歳から74歳までの一定の障害の状態にある人が対象となります。75歳になると、それまで加入していた医療保険から自動的に後期高齢者医療制度へ加入することになります。

❷医療費の一部負担（自己負担）割合について

年齢や所得によって1割～3割負担となります。

▼医療費の一部負担（自己負担）割合

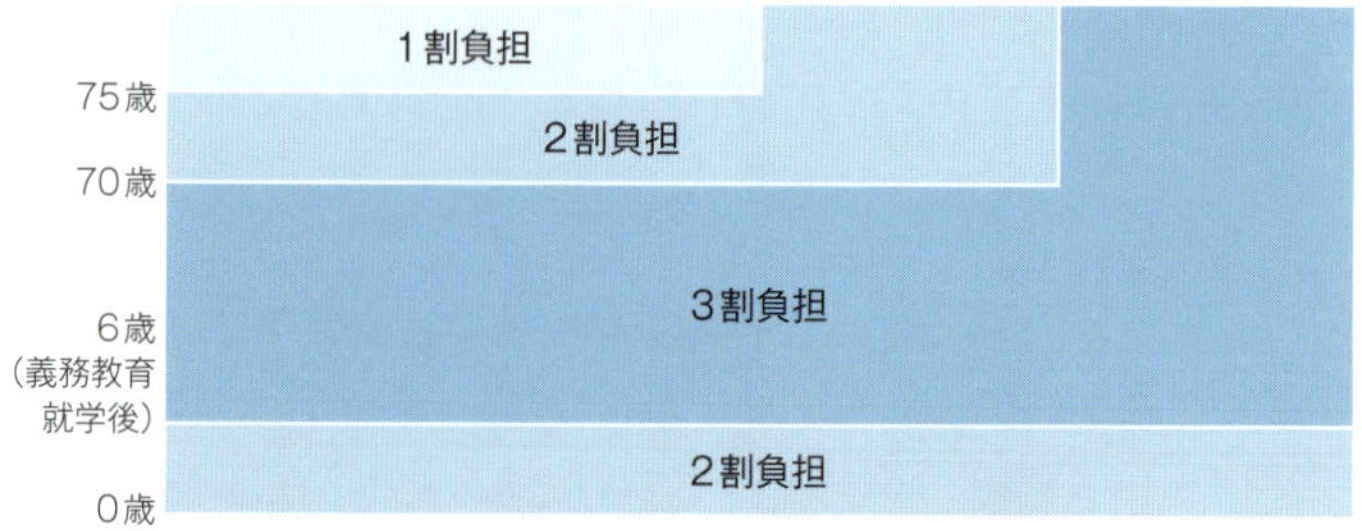

出典：厚生労働省「医療費の一部負担（自己負担）割合について」を元に作成

Q40

健康保険ってなに？

健康保険って、ケガや病気のときは便利だけど……。
ほかに健康保険から支給されることってあるのかな？

出産のとき、健康保険から支給されることがある

どっち？

被保険者が死亡したとき、健康保険から支給されることはない

ケガや病気のほかに支給されること、あるのかな……。

健康保険はケガや病気だけでなく、さまざまな場面で支給される！

健康保険は、あなたや私のように会社に勤める人にとって、とても重要な医療保険です。わたしたちの生活を支える大切な基盤といえます。この健康保険は、主にケガや病気で医療を受けるときに医療費を軽減する役割を果たすことになります。それだけではありません。ほかにも出産や育児、さらには働けなくなったときの生活を支えるための給付など、いろいろな場面で利用できること、知ってますか？　日常生活の中で予期せぬ事態に直面することは誰にでもあります。健康保険があることで経済的な負担を軽減し、安心して治療や必要なサポートを受けることができるのです。

また、健康保険はあなた自身だけでなく、将来あなたが扶養する家族ができれば、その家族も一定の条件で恩恵を受けることができるようになります。新入社員のあなたも、これを機に健康保険が支給されるケースを理解し、いざというときには利用できるようにしましょう。

健康保険はどのようなときに役に立つか、社労士さんに聞いてみよう！

社労士からの専門的な
アドバイス

健康保険には、ケガや病気、出産、亡くなったときの給付がある！

わかりました。それでは、健康保険の主な給付を見ていくことにしましょう。

❶ケガや病気のとき

・**療養の給付**
ケガや病気で病院にかかったときは治療費の３割を窓口で支払い、残りの７割は保険者が負担します。

・**高額療養費**
病院での医療費が高額になったとき、所得区分に応じた自己負担限度額を超えた場合、その超えた分が高額療養費として支給されます。

・**移送費**
保険者が必要と認めたときは、最も経済的な経路と方法で移送された場合の費用が支給されます。

・**傷病手当金**

ケガや病気の療養のために、継続する3日間を含み4日以上仕事に就けず給料がもらえなかったとき、傷病手当金（直近12か月の標準報酬月額を平均した額×1／30×2／3）が最長通算1年6か月間支給されます。

❷出産したとき

・**出産一時金**

一児につき48万8千円（産科医療保障制度に加入している病院での出産は50万円）が支給されます。

・**出産手当金**

出産のため仕事を休んだとき、出産手当金（直近12か月の標準報酬月額を平均した額×1／30×2／3）が支給されます。支給対象期間は、産前は42日、産後は56日です。

❸亡くなったとき

・**埋葬料または埋葬費**

埋葬を行うべき人に埋葬料（5万円）が、埋葬料を受ける人がいない場合、埋葬をした人に埋葬費（5万円限度に埋葬に要した費用）が支給されます。

▼高額医療費の限度額

■69歳以下の方の上限額

適用区分		ひと月の上限額（世帯ごと）
ア	年収　約1,160万円～ 健保：標報83万円以上 国保：旧ただし書き所得901万円超	252,600円＋（医療費－842,000）×１%
イ	年収　約770～約1,160万円 健保：標報53万～79万円 国保：旧ただし書き所得600万～901万円	167,400円＋（医療費－558,000）×１%
ウ	年収　約370～約770万円 健保：標報28万～50万円 国保：旧ただし書き所得210万～600万円	80,100円＋（医療費－267,000）×１%
エ	～年収　約370万円 健保：標報26万円以下 国保：旧ただし書き所得210万円以下	57,600円
オ	住民税非課税者	35,400円

注）１つの医療機関等での自己負担（院外処方代を含みます）では上限額を超えないときでも、同じ月の別の医療機関等での自己負担（69歳以下の場合は２万１千円以上であることが必要です）を合算することができます。この合算額が上限額を超えれば、高額療養費の支給対象となります。

出典：厚生労働省保険局「高額療養費制度を利用される皆さまへ」を元に作成

コラム

マイナ保険証のメリット

令和6年12月2日以降は、それまでの健康保険証が新たに発行されなくなりました。それ以降は、マイナ保険証（マイナンバーカードの健康保険証利用）に移行しました。マイナ保険証には、次のメリットがあります。

・初めて受診する医療機関や薬局でも、マイナ保険証に入力されたデータを医師や薬剤師が確認できるため、よりよい医療サービスが受けられます。
・医師や薬剤師ばかりでなく、医療機関の事務職員がマイナ保険証に入力された情報を共有することで、業務の効率化や事務職員の負担軽減ができます。
・面倒な手続きなしで、高額療養費の限度額を超える支払いが免除されます。
・**マイナポータル**とe-Taxを連携することで、確定申告で医療費控除が簡単に手続きできます。

このようなメリットがある一方で、個人情報の流出やシステム障害があった場合の対応などのデメリットも指摘されています。

第8章

業務や通勤でケガや病気をしたとき

働くことが原因のケガや病気に備えるしくみを知り、適切に対応できるようにしましょう。

同じケガや病気であっても、普段の生活の中で起こったものと、業務や通勤が原因のものでは、治療費に関する扱いが異なります。業務や通勤が原因のケガ、病気、障害、そして精神的な不調に至るまで、働く人々を守る制度が労災保険です。

この制度はすべての労働者に適用されます。治療費の全額補償や、休業中の生活費の補助、さらには後遺障害が残った場合の支援など、幅広くサポートしてくれます。どのような状況で労災保険が適用されるのかを知ることは、働くことへの安心感にもつながります。

ここでは労災保険の基本的なしくみから、具体的な適用場面まで見ていくことにしましょう。

Q41

労災保険ってなに？

会社で作業中に転んで骨折してしまいました。運ばれた病院で聞かれました。「保険証を見せてください」なんて答えたらいいのだろう……。

言われたとおり、保険証を見せる

どっち
?

保険証を見せる代わりに、「仕事中に骨折しました」と言う

仕事中のケガって、
どうなっているんだろう？

先輩からの アドバイス

まずは「労災保険に該当します」と伝えよう！

仕事中に骨折されて、さぞつらい思いをされたことでしょう。でも大丈夫。仕事中のケガや病気は、全額補償されることになっています。まず知っておいてほしいのは、**労働者災害補償保険**（**労災保険**）が適用されるという点です。労災保険は健康保険とは異なり、業務や通勤が原因で発生したケガや病気を補償する制度です。そのため仕事中の事故による骨折であれば、健康保険ではなく、労災保険での手続きを進める必要があります。

病院で保険証を提示すると、健康保険が適用されてしまいます。ですから「**これは労災に該当します**」と伝えてください。

労災指定病院かそれ以外の病院かで手続きは違いますが、治療にかかる費用は全額給付されます。安心して治療に専念してください！

詳しくは、社労士さんに聞いてみよう！

社労士からの専門的なアドバイス

業務中や通勤中のケガは、労災保険で全額が補償される！

労災保険は、業務や通勤が原因で労働者が、ケガ、病気、障害や死亡した場合に必要な補償を行うための制度です。会社が全額保険料を負担し、労働者であるみなさんが負担する必要はありません。手厚く補償されていますので、これを機会に理解しておきましょう。

❶ 誰が適用されるか

労災保険は正社員だけでなく、契約社員やアルバイトなどの非正規雇用者にも適用されます。

❷ いつ適用されるか

業務中の作業や職務に関連して起こったケガや病気などが対象です。通勤中に起こったケガや病気なども対象となります。

❸ 主な給付内容

労災保険に該当する補償は多岐にわたります。次の給付があることを知っておくとよいでしょう。なお、（補償）なしは**通勤災害**の場合です。

・**療養（補償）給付**

業務や通勤が原因のケガや病気の治療費が全額支給されます。

・**休業（補償）給付**

労災により4日以上休むときは、給付基礎日額の80％（休業補償給付60％＋休業特別支給金20％）が4日目からの休業日数分支給されます。

・**障害（補償）給付**

ケガが治り一定の障害が残った場合に、年金または一時金が支給されます。

❹主な手続き

「療養（補償）給付たる療養の給付請求書」などの書類を会社と協力して作成し、労災指定病院（それ以外の病院の場合は、後日労働基準監督署）に提出します。

❺健康保険との違い

健康保険は、業務災害と通勤災害以外のケガや病気などに適用されます。業務災害や通勤災害には利用しません。

▼療養の給付請求書記入例①

通勤災害の場合は様式第16号の3

職種はなるべく具体的に、作業内容がわかるように記入してください。

事故の発生日時または発病の日時を午前・午後を含め正確に記入してください。

災害発生の事実を確認した方の職名、氏名を記入してください。該当者がいない場合は、災害発生の報告を受けた事業場の方の職名、氏名を記入してください。

(あ)どのような場所で、(い)どのような作業をしているときに、(う)どのような物または環境に、(え)どのような不安全または有害な状態があって、(お)どのような災害が発生したかをわかりやすく記入してください。負傷又は発病年月日と初診日が異なる場合はその理由も記入してください。

事業主の証明が必要です。支店長等が事業主の代理人として選任されている場合、当該支店長等の証明を受けてください。ただし、働いていた会社が廃止されている場合や、会社が事業主証明を拒否するなど、事業主証明が得られない場合であっても労災請求はできますので、最寄りの都道府県労働局または労働基準監督署にご相談ください。

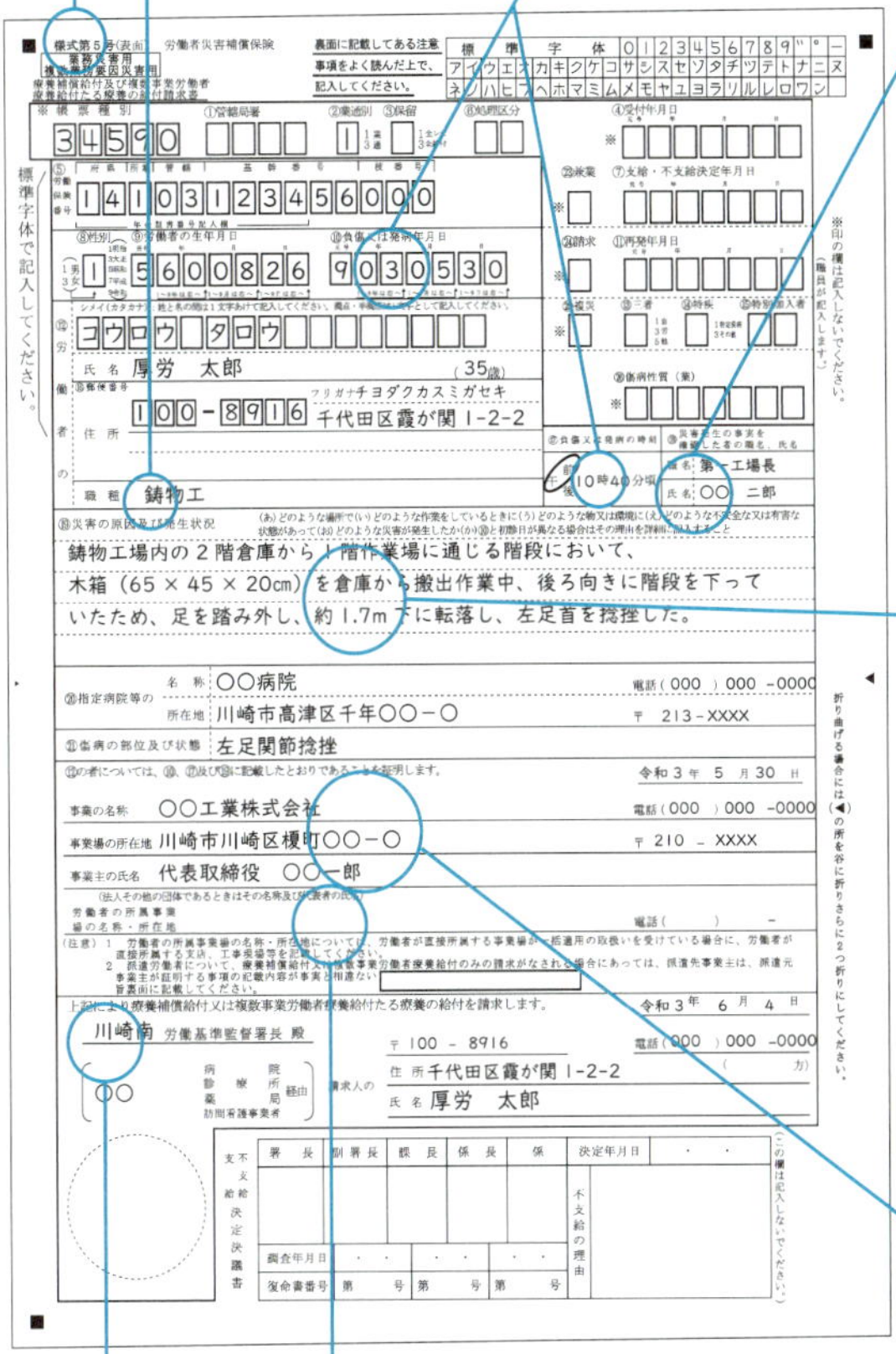

直接所属している事業場が上欄の事業場と異なる(一括適用の取扱いをしている支店、工場、工事現場等)場合に記入します。

直接所属している事業場を管轄している労働基準監督署名を記入します。

出典:厚生労働省「療養(補償)等給付の請求手続」を元に作成

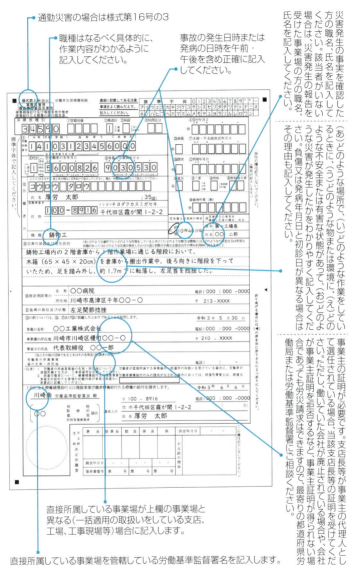

▼療養の給付請求書記入例②

複数の事業場で就業されている場合、
「有」に○をつけ、事業場数を記入してください。

複数の事業場で就業されている場合で、
かつ特別加入している場合に記入してください。

様式第５号(裏面)

㉒その他就業先の有無		
有 無	有の場合のその数 (ただし表面の事業場を含まない) 社	有の場合でいずれかの事業で特別加入している場合の特別加入状況 (ただし表面の事業を含まない) 労働保険事務組合又は特別加入団体の名称
労働保険番号（特別加入）		加入年月日 年　月　日

［項目記入にあたっての注意事項］

1　記入すべき事項のない欄又は記入枠は空欄のままとし、事項を選択する場合には該当事項を○で囲んでください。(ただし、⑧欄並びに⑨及び⑩欄の元号については、該当番号を記入枠に記入してください。)

2　⑱は、災害発生の事実を確認した者(確認した者が多数のときは最初に発見した者)を記載してください。

3　傷病補償年金又は複数事業労働者傷病年金の受給権者が当該傷病に係る療養の給付を請求する場合には、⑤労働保険番号欄に左詰めで年金証書番号を記入してください。また、⑨及び⑩は記入しないでください。

4　複数事業労働者療養給付の請求は、療養補償給付の支給決定がなされた場合、遡って請求されなかったものとみなされます。

5　㉒「その他就業先の有無」欄の記載がない場合又は複数就業していない場合は、複数事業労働者療養給付の請求はないものとして取り扱います。

6　疾病に係る請求の場合、脳・心臓疾患、精神障害及びその他二以上の事業の業務を要因とすることが明らかな疾病以外は、療養補償給付のみで請求されることとなります。

［その他の注意事項］

この用紙は、機械によって読取りを行いますので汚したり、穴をあけたり、必要以上に強く折り曲げたり、のりづけしたりしないでください。

派遣先事業主 証明欄	派遣元事業主が証明する事項(表面の⑩、⑰及び⑲)の記載内容について事実と相違ないことを証明します。 年　月　日　事業の名称　電話(　)　― 〒　― 事業場の所在地 事業主の氏名 (法人その他の団体であるときはその名称及び代表者の氏名)

社会保険 労務士 記載欄	作成年月日・提出代行者・事務代理者の表示	氏　名	電話番号
			(　)　―

派遣労働者の方で、療養(補償)等給付のみの請求である場合には
派遣先事業主から、派遣元事業主が 証明する事項の記載内容が
事実と相違ないことの証明を受けてください。

出典：厚生労働省「療養（補償）等給付の請求手続」を元に作成

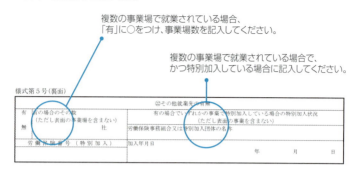

Q42

労災保険になる？　ならない？

仕事帰りに仲間と居酒屋に行ったあと、家に帰るまでに転んでケガをしてしまいました。通勤の途中のケガは労災保険が適用されると聞いたけど、どうなのかな……。

あくまで仕事帰りなので、労災保険が適用になる

どっち？

居酒屋の帰りなので、労災保険が適用にならない

居酒屋に寄ったけど、
家と職場の途中だから……。

先輩からの アドバイス

通勤の途中であっても労災保険が適用できないこともある！

仕事帰りにケガをしてしまったとのこと、大変でしたね。まずはケガの治療を最優先にしてください。あなたの頭に浮かんだとおり、労災保険は通勤の途中のケガは対象となります。ただし、労災保険で通勤の途中と認定されるためには、いくつかの条件をクリアする必要があります。

あなたは通勤の途中に仲間と居酒屋に行き、そのあとにケガをしたのですね。居酒屋に行ったことが通勤と関係ない行為とみなされれば、そのあとの経路でケガをした場合には労災保険に認定されません。

このように労災保険は、認定される基準が決められています。この基準を知っていれば、安心して業務をしたり通勤することができます。労災保険の認定基準について知っておくとよいでしょう。

詳しくは、社労士さんに教えてもらいましょう！

業務災害と通勤災害の認定基準とは？

わかりました。労災保険ですね！

労災保険が適用されるためには、労働者が負ったケガや発症した病気が、業務上の事由による**業務災害**か、通勤による**通勤災害**かに認定されることが必要です。それぞれの認定基準について説明します。

❶ 業務災害の認定基準

・業務遂行性

まず、ケガや病気の原因が、労働者が事業主の支配下で業務中に起きたことが必要です。たとえば、工場内での作業中に機械に巻き込まれた場合や、業務として運送しているときに起きた事故などが該当します。

・業務起因性

次に、災害が業務と相当の因果関係があることが必要です。たとえば、過重労働が原因で病気を発症した場合や、特定の業務が原因で職業病にかかった場合などがこれに該当します。

私的な行為（休憩中のキャッチボールなど）が主な原因の場合は認定されません。

❷通勤災害の認定基準

・通勤の定義

通勤とは、労働者が就業するために、住居と就業場所の間を合理的な経路と方法で移動することを指します。

・合理的な経路

通勤災害が認められるには、合理的な経路で移動していることが条件です。合理的な経路を逸れたり、通勤と関係ないこと（長時間喫茶店で過ごすなど）をした後は、通勤の途中と認められない場合があります。

労災保険の申請では、災害が業務または通勤に関連していることを証明する必要があります。最終的な判断は労働基準監督署が行います。業務内容、災害発生時の状況、通勤経路などを正確に記録し、提出することが求められます。

Q43

精神障害も労災になるの？

長時間労働や厳しいノルマにストレスを感じ、うつ病になってしまいました。労災保険は適用になるのかな……。

仕事が原因なので、当然労災が適用される

どっち
?

仕事が原因と思っていても労災に認定されないことがある

業務によって精神障害になることって、労災が認められるの？

業務との因果関係があれば認定される？

長時間労働や厳しいノルマがあったのですね。本当に辛かったと思います。心からお疲れさまでした。

うつ病は、心や体が「これ以上頑張り続けると危険だ」と教えてくれているサインです。いま大切なのは、無理をせず自分をいたわることです。治療を最優先に考え、適切な医療機関を受診してください。

仕事をする中でのストレスが原因で心の健康を損なうケースは、珍しいことではありません。うつ病や適応障害などの精神障害が、業務との因果関係があって発症することがあります。業務上の過重負担やストレスが主な原因と認められた場合、労災保険の適用対象となります。

正しい情報を社労士さんから聞き、適切な手続きを進めていきましょう。

第8章　業務や通勤でケガや病気をしたとき

社労士からの専門的な アドバイス

精神障害が労災保険に適用される要件とは？

うつ病や適応障害などの精神障害が、労災と認定される基準を説明します。

❶ 認定基準の対象となる精神障害を発病していること

まず、認定基準の対象となる精神障害を発病していることが要件となります。代表的なものとして、うつ病、急性ストレス反応などがあります。認知症、アルコールや薬物による障害は対象となりません。

❷ 業務による強い心理的負荷が認められるかどうか

発病前おおむね6か月の間に、業務による強い心理的負荷があったかどうかを判断します。心理的負荷を与える「特別な出来事」があったかどうか、長時間労働（たとえば、発病直前の1か月に160時間以上の時間外労働など）があったかどうかなどにより評価し、強い心理的負荷があったと認められる必要があります。

❸業務以外の心理的負荷や、個体側要因による発病かどうか

業務以外の心理的負荷とは、離婚、家族の死亡、天災などが該当します。個体側要因とは、精神障害の既往歴、アルコール依存状況などが該当します。これらが発病の原因であるといえるか、慎重に判断します。

❹自殺の場合

業務による心理的負荷が原因で精神障害を発病した人が自殺した場合は、正常な認識や行為選択能力、自殺行為を思いとどまる抑制力が著しく阻害されている状態に陥ったものと推定されます。その結果、原則として労災が認定されます。

かつて大手広告代理店に勤める新入社員が、社員寮から飛び降り自殺した事件が話題になりました。労働基準監督署は長時間労働によるうつ病が原因と判断し、労働災害を認定しました。このような悲しい事件を二度と起こしてはいけません。

▼精神障害の労災認定フローチャート

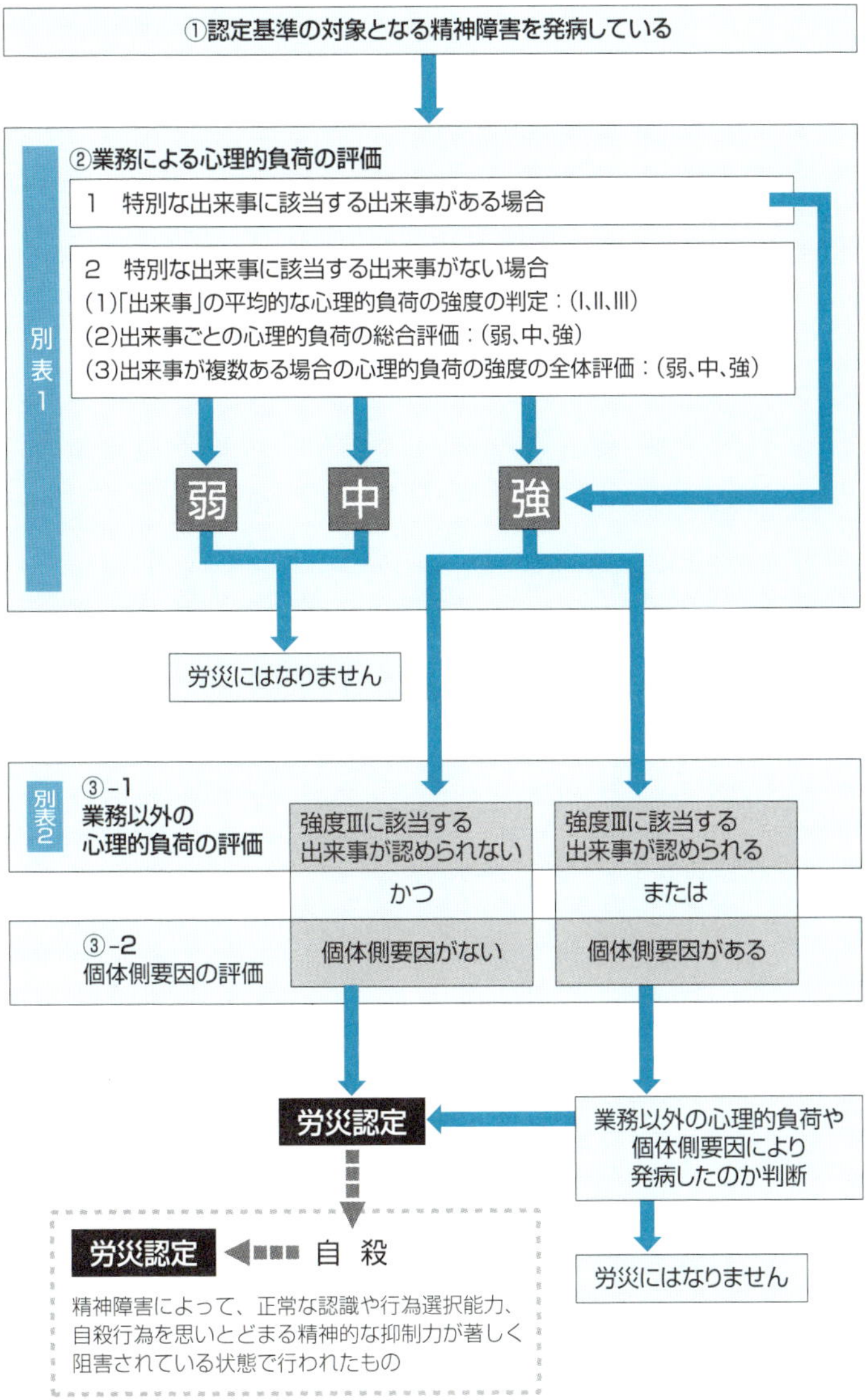

出典：厚生労働省「精神障害の労災認定基準」を元に作成

コラム

「労災かくし」は犯罪です！

不幸にも業務災害で休業者や死亡者を出してしまった場合、会社は労働基準監督署に「労働者死傷病報告」を提出しなければなりません。ところが会社がこの報告をせず、あたかも業務災害がなかったかのように隠すことがあります。これを「労災かくし」といいます。

労災かくしが起こる理由としては、労災保険の保険料が上がってしまうことや、会社のイメージを損ねてしまうことが挙げられます。しかしこれは法律に違反する犯罪行為です。許されることではありません。

労災かくしがあると、被災した労働者が適切な補償を受けられず、治療や生活に支障をきたす恐れがあります。業務災害が起きた場合は記録を残し、上司や人事部に報告することが重要です。

もしも会社が対応しない場合には、直接労働基準監督署に相談するのも選択肢になります。

第９章

退職や失業したとき

いずれ今の職場を離れるときが来ます。
それは、成長のトランジションでもあります。
新たな一歩を踏み出すための支援制度を見てみましょう。

永い人生、退職や失業といった出来事は誰にでも起こり得るものです。

それは決して特別なことではなく、キャリアの一部と捉えるべきです。

働き始めたばかりのみなさんですが、思いがけず職場を離れるときや、そうせざるを得ない状況に直面することがあるかもしれません。

そんなとき安心して次の一歩を踏み出すためには、どのようなしくみがあるのかを知っておくことが大切です。

その柱となるのが雇用保険です。


この章では、職を離れたときに活用できる支援制度や、その具体的な内容を解説します。

たとえば、一定の条件を満たせば失業中でも生活を支えるための給付が受けられることや、スキルアップや再就職を目指すための支援制度を紹介します。

いつ退職や失業が自分事になっても、正しい知識と準備があれば安心です。

働く中での不安を少しでも軽くし、将来の選択肢を広げるきっかけをつかんでください。

Q44

雇用保険ってなに？

テレビで会社が倒産したニュースを見てふと思いました。
もし自分も会社が倒産したら、
お金がもらえなくなってしまうのかな……。

働いている会社が倒産したら、
従業員がお金をもらえることはない

どっち

？

働いていた期間などによっては
お金をもらえる

働いている会社が倒産したら、
収入はすべてなくなって
しまうのかしら？

会社が倒産したら、雇用保険がある！

倒産のニュースは誰にとっても衝撃的です。自分の将来について考えるきっかけになりますよね。心配になる人もいるでしょう。けれども、心配する前にいくつか知っておくべきことがあります。

あなたが働いている会社が倒産したときに頼りになるのが雇用保険です。雇用保険は、会社が倒産して失業した場合でも一定の収入が得られるように設けられた制度なのです。

実はこの雇用保険、もともとは失業保険法という法律からスタートしました。それから改正を重ねて、今では会社が倒産したときだけでなく、いろいろな場面で頼りになる制度なのです。これを機に雇用保険について知識を深めておきましょう。社労士さん、よろしくお願いします！

雇用保険に
ついて知識を
深めましょう！
倒
産
COMPANY 会社

第9章　退職や失業したとき

社労士からの専門的なアドバイス

雇用保険は、さまざまな状況で支給される！

こんどは**雇用保険**ですね。雇用保険は、失業や休業、育児・介護、スキルアップ、シニアの働き方の変化など、さまざまな状況で働く人をサポートする制度です。新入社員のみなさんは、これから安心して仕事に取り組むために、この制度を理解しておくとよいでしょう。ここでは雇用保険がどのような状況で支給されるのか、いくつか見ていくことにします。

❶ **失業したとき（基本手当など）**

最も重要なのが、失業したときに支給される基本手当です。これは会社都合（倒産や解雇など）で離職した場合だけでなく、自己都合で退職した場合にも受け取ることができます。基本手当の申請はハローワークで行い、求職の申込みを行うことが給付の前提条件です。

❷ **育児や介護のために仕事を休むとき（育児休業給付・介護休業給付）**

仕事を続けたいけれど、育児や家族の介護のために一定期間休む必要がある場合には、**育児休業給付金**や**介護休業給付金**が支給されます。これらの給付金は、休業期間中の生活を支えることを目的としています。詳しくは、第4章をご覧ください。

❸ 教育やスキルアップのために学ぶとき（教育訓練給付）

再就職やスキルアップを目指して一定の教育訓練を受ける場合にも支援があります。この**教育訓練給付金**を活用すると、受講料の一部が給付されます。これにより、自己負担を軽減しながら学ぶことが可能です。

❹ 高齢期に働き方が変わったとき（高年齢雇用継続給付）

60歳に達した後に働き続ける場合、給与が下がることがあります。そのような場合には、**高年齢雇用継続給付金**が支給され、減少した給与を補う形でサポートします。

▼雇用保険制度の概要

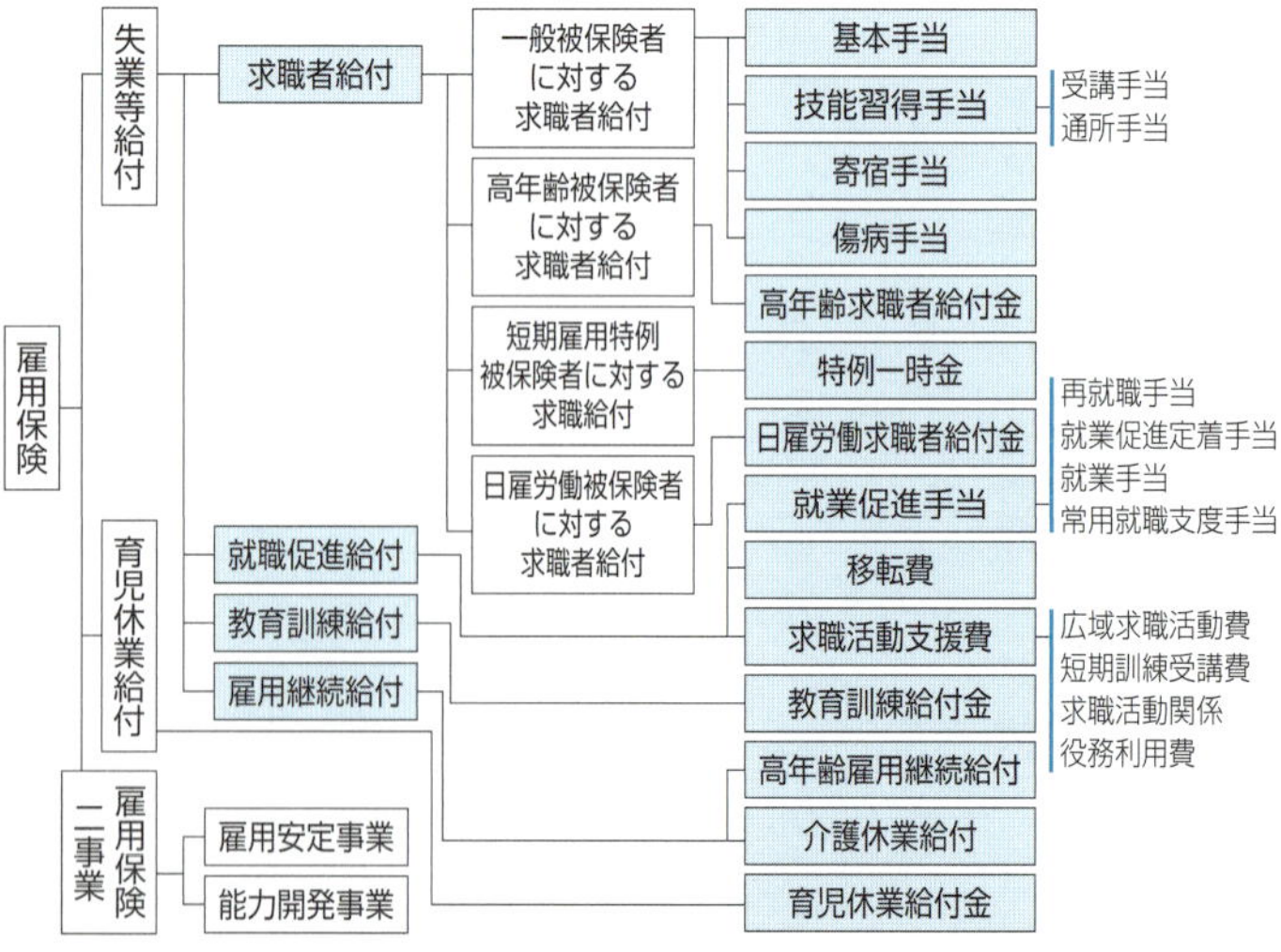

出典：ハローワークインターネットサービス「雇用保険の概要」を元に作成

Q45

基本手当ってなに？

退職する先輩の送別会がありました。
次の会社を探すのは難しそう……。

会社を辞めてしまえば、
お金をもらえることはない

どっち
？

会社を辞めたあと、
お金がもらえることもある

今の会社を辞めようとは
思わないけど、
なんか気になる……。

先輩からの アドバイス

就職しようという意思があればお金がもらえる！

今の会社を辞めたあとのことが気になる気持ちは分かります。でも心配は要りません。雇用保険の**基本手当**を利用すれば、失業しても次の仕事が見つかるまでの一定期間、生活を支えるためのお金を受け取ることができるのです。ただし基本手当を受給するには、次の条件があることを知っておいてください。

一つが、就職しようとする積極的な意思と能力があるのに就職できない状態であることです。たとえば、ケガや病気、出産や育児のため、すぐには就職できないときや、退職してしばらくは休養しようと思っているときなどは受給できません。

もう一つが、会社を辞める日以前2年間に、雇用保険に加入していた期間が12か月以上あることです。会社を辞めた理由が倒産や解雇の場合は、辞めた日以前の1年間に、雇用保険に加入していた期間が6か月以上あれば可能です。

この2つの条件は受給するために必ず必要になります。覚えておくとよいでしょう。さらに詳しいことは、社労士さんに教えてもらいましょう！

退職理由によって受給できる金額がちがうの？

わかりました。では、基本手当の支給額と受給手続きについて説明します。

❶ 基本手当の支給額

基本手当の１日分の金額（基本手当日額）は、賃金日額（会社を辞める前の６か月間の賃金を１８０で割った額）のおよそ50〜80％（60〜64歳は45〜80％）となります。賃金日額と基本手当日額には年齢ごとに上限があります。また、基本手当日額を受け取ることができる所定給付日数は、年齢、被保険者であった期間、離職理由によって異なります。一般の受給資格者は、７日間の待期期間と、原則１か月間の給付制限期間を経て給付が開始されます。

❷ 基本手当の受給手続き

①退職の際、会社から**離職票**をもらいます。

②**ハローワーク**に行きます。求職の申込みをし、離職票を提出します。受給資格があれば、次回以降に出頭する日（失業の認定日）を決め、受給資格者証を受領します。

③次の失業の認定日までに、求職活動を行った実績（応募書類の郵送、ハローワークや民間の職業紹介事業者からの紹介、採用面接など）が必要です。

④**基本手当の支給**……失業の認定日にハローワークに出頭し、求職活動が認められると、認定日の前4週間分の基本手当が支給されます。

就職しようという
意思があれば、
お金がもらえます！

▼年齢区分に応じた賃金日額・基本手当額の上限額

離職時の年齢	賃金日額	基本手当日額
30歳未満	14,130円	7,065円
30歳以上45歳未満	15,690円	7,845円
45歳以上60歳未満	17,270円	8,635円
60歳以上65歳未満	16,490円	7,420円

出典：厚生労働省「雇用保険の基本手当日額が変更になります～令和６年８月１日から～」を元に作成

▼所定給付日数

■一般の受給資格者

	被保険者であった期間		
	10年未満	10年以上 20年未満	20年以上
全年齢	90日	120日	150日

■離職理由：倒産、解雇、有期雇用契約満了による退職、正当な理由がある自己都合退職など

<table>
<tr><th></th><th colspan="5">被保険者であった期間</th></tr>
<tr><th></th><th>１年未満</th><th>１年以上
５年未満</th><th>５年以上
10年未満</th><th>10年以上
20年未満</th><th>20年以上</th></tr>
<tr><td>30歳未満</td><td rowspan="5">90日</td><td>90日</td><td>120日</td><td>180日</td><td>―</td></tr>
<tr><td>30歳以上35歳未満</td><td>120日</td><td rowspan="2">180日</td><td>210日</td><td>240日</td></tr>
<tr><td>35歳以上45歳未満</td><td>150日</td><td>240日</td><td>270日</td></tr>
<tr><td>45歳以上60歳未満</td><td>180日</td><td>240日</td><td>270日</td><td>330日</td></tr>
<tr><td>60歳以上65歳未満</td><td>150日</td><td>180日</td><td>210日</td><td>240日</td></tr>
</table>

出典：ハローワークインターネットサービス「基本手当の所定給付日数」より作成

▼失業手当を受給するまでの流れ

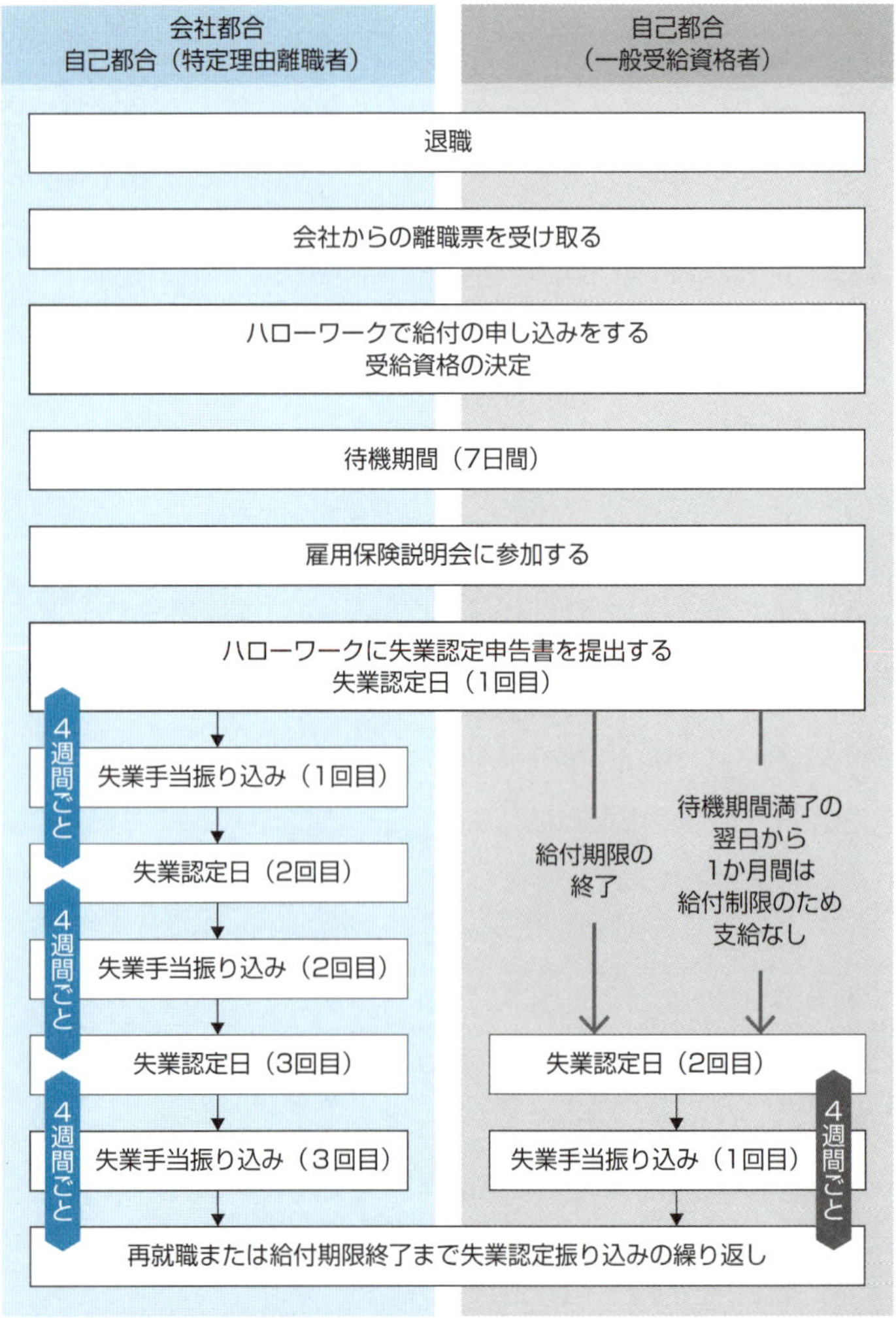

出典：doda「失業手当（失業保険）とは？もらえる条件や期間、手続き方法を解説」を元に作成

Q46

教育訓練給付がもらえる？

仕事に関する資格を取りたいな。
でも資格取得講座の受講料はすごく高いなあ……。
仕方ない、あきらめようか……。

受講料が高いからあきらめる

どっち
?

何かの補助がないか調べてみる

資格を取ったり
研修を受講したりするのは、
お金がかかるなあ……。

雇用保険の教育訓練給付や、会社の資格取得支援制度が使えるかも！

資格を取得したいという意欲は素晴らしいです。特に新入社員の時期にスキルアップを目指す姿勢は、今後のキャリアに大きなプラスとなります！　でも、資格取得講座の受講料は頭が痛いですね。ここでは費用を抑えながら資格取得を目指す方法を考えましょう。まず、雇用保険の教育訓練給付が使えるか確認しましょう。この制度は、一定の条件を満たした人に講座受講料の一部が補助されます。

さらに、あなたの会社に資格取得支援制度がないか確認してみることも重要ですね。多くの会社は受講料の一部補助や、合格後の報奨金制度を設けています。総務や人事に相談してみると、意外なサポートが受けられるかもしれません。

資格取得は確かにコストがかかるけれど、長い目で見れば自分の市場価値を高める投資です。焦らず計画的に取り組むことで、キャリア形成していこう。

詳しくは、社労士さん、お願いします！

アドバイス

社労士からの専門的な

教育訓練給付の対象は1万6千講座もある！

教育訓練給付は、労働者の主体的なスキルアップを支援し雇用の安定を図ることを目的としています。対象となる教育訓練は1万6千講座もあるので、自分の目指す資格に合った講座を探してみるとよいでしょう。

❶教育訓練の種類

・専門実践教育訓練

中長期的なキャリア形成に資する専門的かつ実践的な教育訓練が対象となります。期間が比較的長い（1年～3年程度）訓練が多くなっています。

・特定一般教育訓練

速やかな再就職及び早期のキャリア形成に資する教育訓練が対象です。訓練期間は数か月から1年程度の訓練が多くなっています。

・一般教育訓練

専門実践教育訓練と特定一般教育訓練以外で、雇用の安定及び就職の促進を図るために必要な職業に関する教育訓練が該当します。

❷給付の条件

・受講開始日前に、被保険者であった期間が3年（給付を受けるのが初めての場合は、専門実践教育訓練は2年、特定一般教育訓練と一般教育訓練は1年）以上あることが必要です。

・受講開始日に雇用保険に加入しているか、または離職してから受講開始日まで原則1年以内であることが必要です。

❸給付の申請手続き

・専門実践教育訓練と特定一般教育訓練は、訓練前キャリアコンサルティングを受ける必要があります。その後、受講開始日の2週間前までに、居住地を管轄するハローワークで受給資格確認を行います。

専門実践教育訓練は受講開始日から6か月ごとの期間の末日又は修了日、特定一般教育訓練と一般教育訓練は終了日から1か月以内に支給申請することが必要です。

▼教育訓練の種類

教育訓練の種類	支給要件期間	支給率	支給額の限度
専門実践教育訓練	3年（初回2年）	最大80%	年間64万円
特定一般教育訓練	3年（初回1年）	最大50%	25万円
一般教育訓練		最大20%	10万円

出典：厚生労働省「教育訓練給付制度のご案内」を元に作成

▼給付手続き

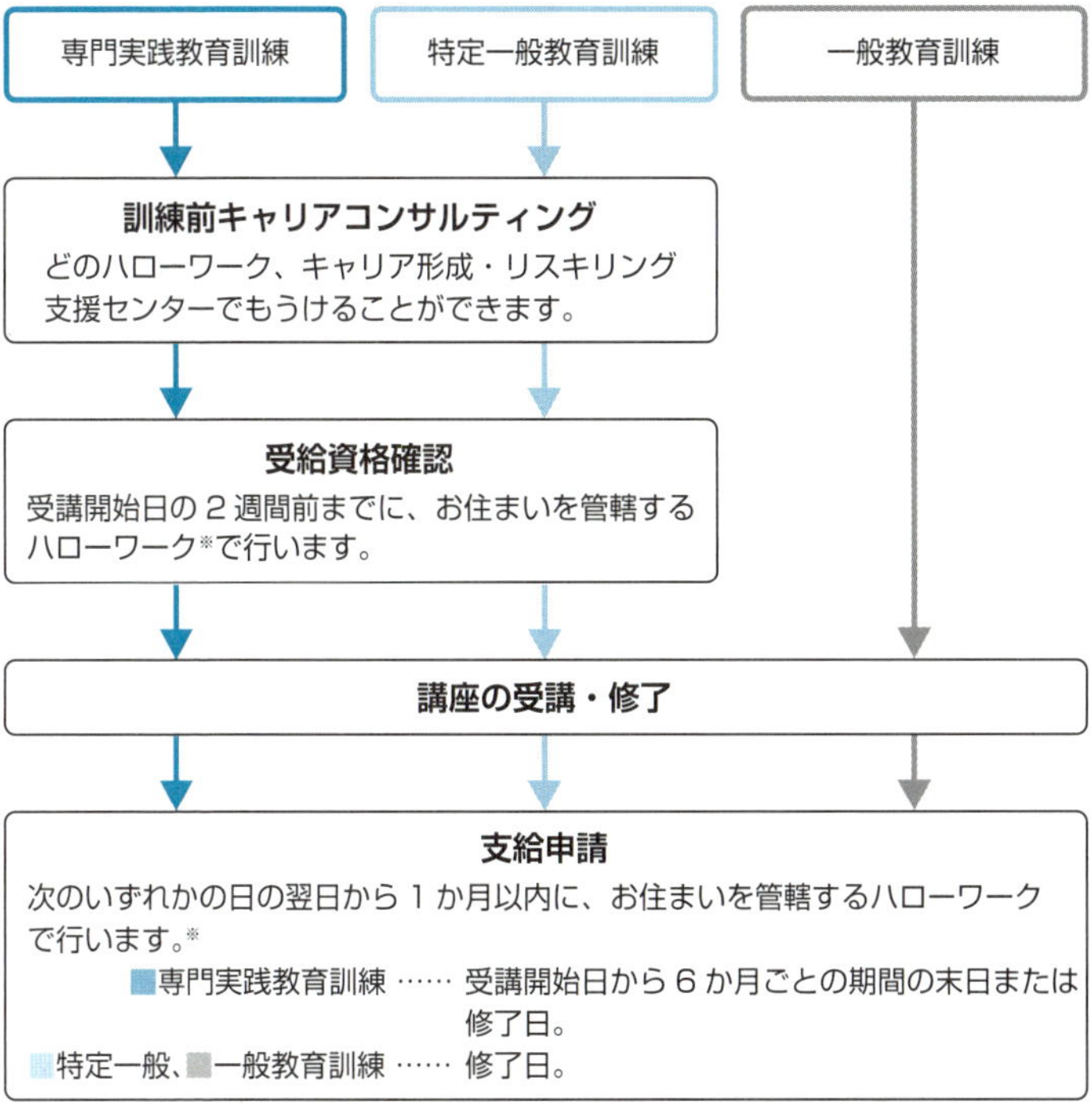

※「e-Gov 電子申請」から電子申請も可能です。

出典：厚生労働省「教育訓練給付制度のご案内」を元に作成

コラム

企業の倒産件数は増えている！

最近、企業の倒産が増加しているという話題を耳にしたことがありますか？　東京商エリサーチによりますと、平成25年頃から倒産件数は徐々に減少し、令和3年に6千30件になりましたが、それ以降は増加に転じ、令和6年は1万件を超えました。負債総額も2兆3千億円を超えました。倒産の主な原因は、人手不足と人件費の高騰、原材料費の高騰などです。企業が倒産すると給与や退職金の未払いが発生するなど従業員にも大きな影響があります。このような社会の背景を知りつつ、勤める会社や業界の動向にも関心を持つことが大切です。

▼倒産件数と負債総額の推移

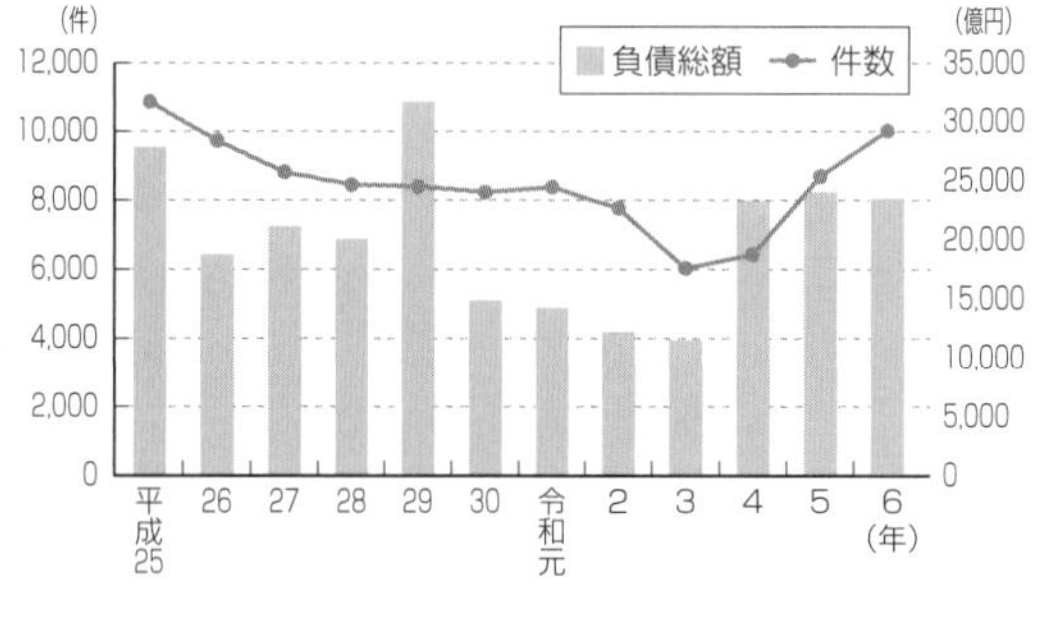

出典：東京商エリサーチ「倒産件数・負債額推移」を元に作成

第10章

歳を重ねたときの生活は？

将来の安心を支えるしくみを知り、
歳を重ねても豊かに暮らすための備えを、
今考えましょう。

会社や仕事を辞めてから人生の後半戦を支える基盤として、
退職金と年金はとても重要な存在です。
新入社員のみなさんは、退職金や年金と言われても、
今の仕事や生活からは遠いテーマに感じられるかもしれません。
しかしそれぞれの制度には特徴や条件があり、
今から理解しておくと将来役に立つこともあります。

退職金は、会社に長い期間働いたことに対する重要な報酬の一部です。
また年金は、老後だけでなく障害や死亡のリスクにも備えとなるしくみです。
いずれも将来の生活を安心して過ごすことができるように
設計されたしくみといえます。
このしくみを知ることは、将来の自分を守るために必要なことです。
そして将来これらの制度を十分に活用するために、今からできることを
ライフプランに取り入れることが、永い人生を送るためには必要なことです。

Q47

退職金はみんなもらえるの？

定年退職する人の送別会がありました。「退職金がもらえるなんて、ホッとします」と言っていました。自分も退職金ってもらえるのかな……。

一定の基準を満たせば必ずもらえる

どっち

就業規則を見てみないとわからない

この会社を早く辞めることになってももらえるのかな……。

先輩からの アドバイス

退職金は就業規則で確認する！

退職金について気になったんですね！　先輩の送別会が、将来のことを考えるいいきっかけになりましたね。

退職金は、長い期間働いた従業員の功労に対して支払われる重要な報酬の一部です。ただし、すべての企業に退職金制度があるわけではありません。退職金が支給されるかどうかは、会社により異なります。退職金制度がある場合、支給に関するルールは就業規則に記載されています。一度確認しておいてください。

最近では、退職給付制度がある企業が減少傾向にあることを示す調査結果があります。また、従来の退職金とは違った制度を導入する会社も増えているようです。退職金は時代によって、その形を変えてきているのですね。

いずれにしても、将来の自分を支えることになる大事な制度です。早いうちから理解しておくと安心ですね。

▼退職給付制度の実施状況の推移

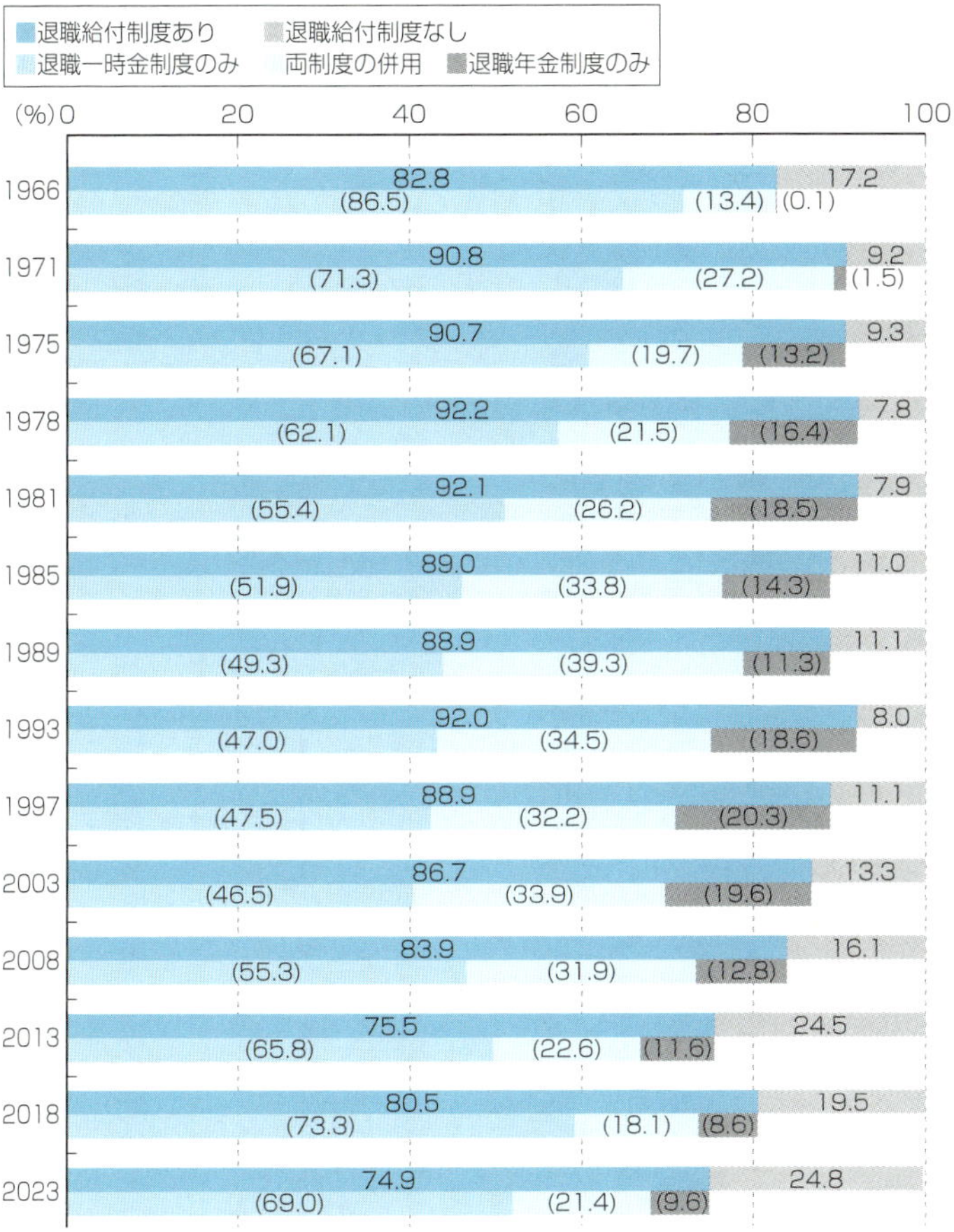

※1　(　) 内は退職給付制度がある企業を100とした場合。
※2　調査期日は、1997年以前は12月末現在、2003年以降は1月1日現在。
※3　調査対象は、2003年までは本社の常用労働者30人以上、06年以降は常用労働者30人以上の民営企業。
※4　2018年から、調査対象に複合サービス事業（郵便局・農業協同組合等）を含む。

出典：厚生労働省「就労条件総合調査」各年版を元に作成

退職金には新しい制度もある！

退職金について確認しておくことは、これからの働き方を考えるために大切なことです。退職金を考える際にポイントとなることをお伝えします。

❶ 退職金は法律で義務づけられているわけではない

まず、退職金は日本の法律で企業に支給を義務づけられているものではありません。退職金を支給するかしないか、支給するとしたらどのような形で支給するかは、会社によって異なります。

❷ 自分の会社に退職金制度があるかを確認する方法

退職金があるかどうかを知りたいときは、まずは会社の就業規則を確認しましょう。退職金がある場合は、就業規則に退職金の項目を設けて支給条件が記載されています。これを確認することで、退職金の計算方法、支給方法や支払時期について知ることができます。

❸退職金の新しい形態

最近では、従来とは違った新しい制度を導入する会社が増えてきました。

・確定拠出年金制度

拠出された掛金とその運用益をもとに、将来の給付額が決定する年金制度（年金あるいは一時金で受取り可）です。掛金を事業主が拠出する**企業型確定拠出年金（企業型DC）**と、加入者自身が拠出する**個人型確定拠出年金（iDeCo）**があります。

・退職金前払い制度

退職金が給与や賞与に上乗せして前払いされる制度です。毎月の手取り額が増えることや、会社の倒産などで退職金がもらえないことを回避できることがメリットといえます。一方で、税金や社会保険料の負担が増えるデメリットがあります。

❹税金面でのメリット

退職金は、**退職所得控除**という税制上の優遇を受けられるため、通常の給与よりも税負担が軽減されます。

▼個人型確定拠出年金と企業型確定拠出年金の比較

	個人型確定拠出年金（iDeCo）	企業型確定拠出年金
運営団体	国民年金基金連合会	企業型確定拠出年金規約の承認を受けた企業
加入対象者	国民年金被保険者	企業型確定拠出年金を導入している企業の従業員
掛金	本人負担	会社負担（本人上乗せ可）
掛金納付方法	本人口座から振替※	会社より納付
運用商品	金融機関により異なる	会社共通の商品ラインアップ
手数料	本人負担	会社負担（一部本人負担）
税制メリット	・掛金は全額所得控除（所得税・住民税軽減） ・運用収益は非課税	・事業主掛金は所得とみなされない ・運用収益は非課税
年末調整	要※	不要

※個人振込の場合です。第2号被保険者の方で事業主払込の場合は、掛金は給与天引きされ、会社より納付されます。この場合、年末調整等の本人の手続きは不要です。
出典：りそなグループ「確定拠出年金の「個人型」と「企業型」の違いとは？」を元に作成

▼退職所得控除額の計算の表

勤続年数（＝A）	退職所得控除額
20年以下	40万円 × A（80万円に満たない場合には、80万円）
20年超	800万円 ＋ 70万円 ×（A － 20年）

出典：国税庁「退職金を受け取ったとき（退職所得）」を元に作成

Q48

年金制度ってどうなってるの？

給与明細を見て、厚生年金保険料がたくさん引かれていることが気になりました。自分はどんな年金制度に入っているんだろう……。

サラリーマンは、厚生年金にだけ加入している

どっち？

サラリーマンは、厚生年金と国民年金に加入している

保険料が大きいから気になるな……。

会社員の年金は、2階建てになっている？

厚生年金保険料が気になったのですね。いいところに気がつきましたね！　厚生年金保険料を払っているということは、実は厚生年金のほかに、国民年金にも加入しているということなのです。

というのも、会社員の年金制度は2階建て構造になっているのです。1階部分が国民年金です。20歳から60歳までのすべての人が加入する年金制度です。この国民年金によって、将来老齢基礎年金などを受け取ることができます。

2階部分が厚生年金です。これは会社員や公務員などが加入する制度で、国民年金に上乗せする形で支給されます。将来は、給与の額や勤続年数に応じた金額を**老齢厚生年金**などとして受け取ることができます。国民年金だけに比べて、より手厚い年金を受け取れるのが特徴ですね。

つまり、あなたは会社に入ったことで国民年金に加え、より充実した年金制度に加入していると考えてください。年金制度について、さらに詳しく社労士さんに教えてもらいましょう。

社労士からの専門的なアドバイス

年金制度全般について理解しよう！

わかりました。こんどは年金制度ですね！

会社員や公務員の年金は2階建てになっていることは理解していただけたと思います。日本の年金制度は次のページの図のようになっています。また、働き方などによって、次のように分けられています。

❶第1号被保険者

第2号、第3号被保険者以外の20歳以上60歳未満の人です。たとえば、学生、自営業者、農林漁業者などが該当します。

❷第2号被保険者

厚生年金保険の被保険者です。会社員と公務員などが該当します。パートタイマーやアルバイトであっても、働いている日数や時間が通常の社員の4分の3以上であったり、所定労働時間が1週間に20時間以上である等、一定の要件を満たす場合には、厚生年金に加入することになります。

❸ 第3号被保険者

第2号被保険者の被扶養配偶者で、20歳以上60歳未満の人です。

このように、日本ではすべての人が年金制度に加入することになっています。これを**国民皆年金**といいます。年金制度に加入することを通じてお互いに助け合い、高齢者や障害者含め、みなが安心して生活ができるようになっているのです。初めは保険料が引かれることに戸惑うかもしれませんが、これらはすべて、あなたや家族の将来を守るための重要なしくみなのです。

▼年金制度のしくみ

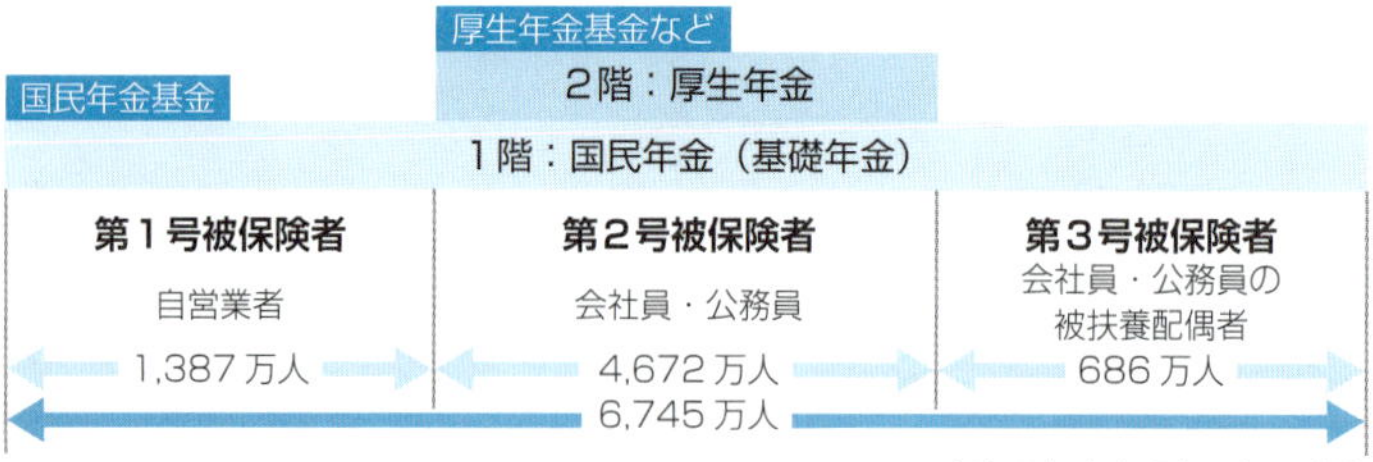
厚生年金基金など
2階：厚生年金
国民年金基金
1階：国民年金（基礎年金）
第１号被保険者
自営業者
1,387 万人
第２号被保険者
会社員・公務員
4,672 万人
第３号被保険者
会社員・公務員の
被扶養配偶者
686 万人
6,745 万人

＊令和５年度末現在の加入者数

種類	対象	保険料	保険料の支払い方法
第１号被保険者	第2号、第3号被保険者以外の20歳以上60歳未満の人	月16,980円※（全額本人負担）	日本年金機構から送られてくる納付書で支払い
第２号被保険者	厚生年金保険の被保険者（会社員・公務員）	標準報酬月額の18.3%※ 標準賞与額の18.3%※ （本人1/2、会社1/2）	会社が給料や賞与から天引き
第３号被保険者	第2号被保険者の被扶養配偶者で20歳以上60歳未満の人	なし（配偶者が加入する年金制度が負担）	

※令和６年度

出典：全国社会保険労務士会連合会「働くときの基礎知識第８版」を元に作成

Q49

老齢年金って必ずもらえるの？

歳をとったときにもらえる年金って、みんなもらえるのかな。
サラリーマンを辞めてももらえるのかな……。

保険料を10年以上払っているともらえる

どっち？

保険料を25年以上払っているともらえる

会社を辞めても年金ってもらえるのだろうか……。

老齢基礎年金と老齢厚生年金の2つがもらえる！

老齢年金について、まだ先のことだと思っていませんか？　もちろん、もらえるのはまだ先ですね。だからといって何も考えていないと、思わぬ落とし穴があるかもしれませんよ。

「年金はみんなもらえるのかな？」という疑問ですが、基本的にみんなもらえます。ただし、一定の条件を満たす必要があります。

会社に勤務しているあなたが加入している年金制度は、国民年金と厚生年金の2つであることはすでにお話ししましたよね。国民年金から支給される年金は老齢基礎年金です。一方、厚生年金から支給される年金は老齢厚生年金です。**老齢厚生年金**は、**老齢基礎年金**に上乗せされる形で支給されることになっています。

ただし若いうちに未納期間があると、将来の年金額が減る可能性があります。毎月の保険料は将来の自分への投資と考えましょう。会社員であれば保険料は給与から天引きされるので安心してくださいね。

第10章　歳を重ねたときの生活は？

社労士からの専門的な アドバイス

国民年金の保険料を10年以上払っているともらえる！

あなたが会社員として長く働き続けると、老齢基礎年金と老齢厚生年金の2つの年金がもらえることになります。詳しく見ていきましょう。

❶ 老齢基礎年金

・支給開始年齢と要件

原則として65歳から支給されます。受給には保険料を10年以上（保険料を免除されている期間も含む）納付していることが必要です。

・支給額

加入期間と納付状況によって決まります。未納期間がある場合は満額より減額されます。

・概要

老齢基礎年金は、生活を支えることを目的とした年金です。働き方や職業にかかわらず誰でも加入義務があり、平等な仕組みが特徴です。

❷老齢厚生年金

・支給開始年齢と要件

老齢厚生年金は、老齢基礎年金を受け取れる人に厚生年金の加入期間が1か月以上あれば支給されます。老齢基礎年金に上乗せして65歳から受け取ることができます。

・支給額

給与や賞与の額（平均標準報酬額）と加入期間に応じて年金額が計算されます。給与や賞与の額が多い人ほど、受け取る年金額も多くなります。

❸繰上げ受給と繰下げ受給

老齢基礎年金と老齢厚生年金は、65歳より早く受給したり（一定割合で減額あり）、遅く受給（一定割合で増額あり）することができます。

▼令和６年度の年金額の例（昭和31年４月２日以後生まれの方の場合）

	令和６年度（月額）	令和５年度（月額）
国民年金（老齢基礎年金〈満額〉）※1	68,000円	66,250円
厚生年金（夫婦２人分の老齢基礎年金を含む標準的な年金額）※2	230,483円	224,482円

※1　令和6年度の昭和31年4月1日以前生まれの方の老齢基礎年金（満額）は、月額67,808円です。

※2　平均的な収入（平均標準報酬（賞与含む月額換算）43.9万円）で40年間就業した場合に受け取り始める年金（老齢厚生年金と２人分の老齢基礎年金（満額）の給付水準です。

出典：日本年金機構「令和６年４月分からの年金額等について」より抜粋

Q50

障害年金？　遺族年金？

年金って、歳をとったらもらえるんだよな。
そのほか、どんなときにもらえるだろう……。

老齢、障害、死亡したとき

どっち？

老齢、病気、けがをしたとき

年金をもらえるのは、
歳をとったときだけでは
ないんだ！

先輩からの アドバイス

年金がもらえるのは、歳をとってからだけではない！

そもそも年金とは、「国民の共同連帯によって」安定した生活を守ることを目的とした制度ということになっています。安定した生活が損なわれるのは、歳をとったときだけではありませんよね。若い世代の人にも、安定した生活が損なわれることが起こりえます。たとえば、ケガや病気で障害の状態になってしまうことがあります。そのようなときのために障害年金があるのです。また、生活を支えてくれていた配偶者や親が亡くなってしまうことがあるかもしれません。そのようなときに支給されるのが遺族年金なのです。

新入社員のあなたが今支払っている保険料は、未来の自分を守るための備えとしての役割を持つだけではないのです。現在のあなた自身や社会全体を支えることにもつながっています。このしくみをしっかり理解しておくことで、安心した生活に対する意識が変わるはずです。

年金がもらえるケースについて、社労士さんに聞いてみましょう！

第10章　歳を重ねたときの生活は？

社労士からの専門的な アドバイス

障害の状態になったとき、自分が死亡したときの年金がある！

それでは、国民年金の障害基礎年金と遺族基礎年金を説明します。

❶ 障害基礎年金

主な支給要件は次のとおりです。

・国民年金の保険料を支払った期間が、加入期間の3分の2以上（保険料を猶予・免除している期間も含む）あること。

・障害等級1級または2級に該当していること。

・初診日から1年6か月経ったとき（その間にケガや病気が治った場合は治ったとき）に障害の状態にあるか、または65歳になるまでの間に障害の状態になったとき。

年金額は、障害基礎年金は障害の等級、子の数に応じて計算します。

❷ 遺族基礎年金

主な支給要件は次のとおりです。いずれも死亡した人の要件です。

・国民年金に加入中であり、国民年金の保険料を支払った期間が、加入期間の3分の2以上（保険料を猶予・免除している期間も含む）あること。
・老齢基礎年金を受給する権利があること。

受給できる遺族は次のいずれかです。

・子のある配偶者
・18歳に達する前の子

主に次のようなケースで、遺族基礎年金は支給されなくなります。

・婚姻したり、養子になったとき。
・（配偶者の場合）すべての子が18歳に達したとき。
・（子の場合）18歳に達したとき。

年金額は、受給する遺族、子の数に応じて計算されます。

障害基礎年金や遺族基礎年金のほかに、厚生年金から障害厚生年金や遺族厚生年金が支給される場合があります。このようなケースに該当する場合、しっかりと確認しながら手続きを進めてください。

▼障害基礎年金の年金額（令和6年4月分から）

■1級

昭和31年4月2日以後生まれの方	1,020,000円＋子の加算額※
昭和31年4月1日以前生まれの方	1,017,125円＋子の加算額※

■2級

昭和31年4月2日以後生まれの方	816,000円＋子の加算額※
昭和31年4月1日以前生まれの方	813,700円＋子の加算額※

■子の加算額

2人まで	1人につき234,800円
3人目以降	1人につき78,300円

※子の加算額はその方に生計を維持されている子がいるときに加算されます。なお、子とは18歳になった後の最初の3月31日までの子、または20歳未満で障害等級1級または2級の状態にある子です。

出典：日本年金機構「障害年金」より抜粋

▼遺族基礎年金の年金額（令和6年4月分から）

■子のある配偶者が受け取るとき

昭和31年4月2日以後生まれの方	816,000円＋子の加算額
昭和31年4月1日以前生まれの方	813,700円＋子の加算額

■子が受け取るとき

次の金額を子の数で割った額が1人あたりの額となります。

816,000円＋2人目以降の子の加算額

・1人目および2人目の子の加算額　各234,800円
・3人目以降の子の加算額　各78,300円

出典：日本年金機構「遺族年金」より抜粋

コラム

社会保障給付費の推移

社会保険は、私たちが支払っている保険料と、国が支出する公費を加えた社会保障給付費が支えるしくみになっています。近年、この社会保障給付費が急激に増加しています。

その主な理由は、日本の高齢化社会にあります。高齢化が進むにつれて医療や介護サービスを必要とする高齢者が増え、その分の支出が増加しています。一方で、少子化による現役世代の減少により、これらの費用を支える保険料や税収の伸びは期待できない状況にあります。

具体的には、1980年代以降、社会保障給付費はほぼ毎年増加しており、2020年代には年間130兆円を超える規模となっています。この中で、年金と医療への給付が大きな割合を占めています。

新入社員のみなさんは、これを自分ごととして考えることが大切です。社会保障のしくみは、私たちが保険料を支払うことで高齢者や困っている人を支える世代間扶助の形をとっています。しかしこの形を維持するには課題があり、今後の改革が求められています。

▼社会保障給付費の推移（2024は予算ベース）

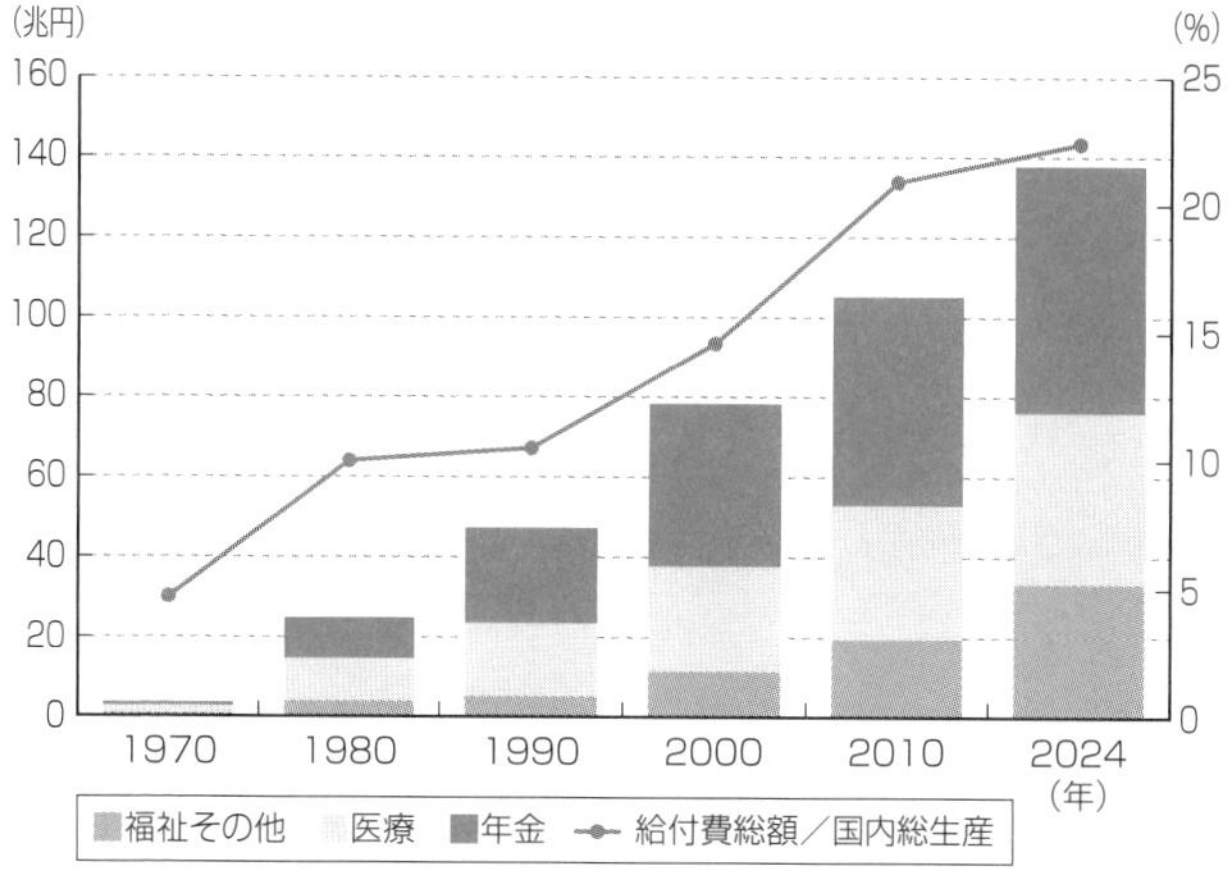

出典：厚生労働省「給付と負担について」を元に作成

おわりに

ここまで読んでいただき、ありがとうございました。

新入社員として働き始めた感想はいかがでしょうか？　頼りになる上司や先輩に囲まれて、よいスタートができた人もいるでしょう。あるいは、仕事は楽しいことばかりではないことに気づいた人がいるかもしれません。

社会人として働くことは、嬉しいことと辛いことの連続の日々です。そのような日々を通じ、みなさんは成長していくのです。

働くことを通じて得られるものは、お金や地位だけではありません。仲間との信頼関係や達成感、そして社会への貢献など、数えきれないほどの学びや喜びが待っています。

それでも、いつかは壁にぶつかることもあるでしょう。やり切れない気持ちになることがあるかもしれません。そんな時はぜひこの本で学んだことを思い出し、自分を見つめ直してみてください。

あなたの人生のなかで、働くことができる時間は最も貴重な時間だといえます。だからこそ、自分らしい働き方を見つけることを諦めないでください。

最後に、みなさんの未来が希望に満ちたものであることを祈りつつ、この本の締めくくりとさせていただきます。

これからの人生が素晴らしいものになりますように！

参考文献

第1章

・経済産業省「社会人基礎力」
https://www.meti.go.jp/policy/kisoryoku/index.html

・パーソル総合研究所「一般社員層（非管理職層）における異動配置に関する定量調査」
https://rc.persol-group.co.jp/thinktank/assets/personnel-relocating.pdf

・doda「ビジネスパーソン2,000人の転職意識調査」
https://doda.jp/guide/ishiki/#con01

・厚生労働省「非正規雇用」の現状と課題
https://www.mhlw.go.jp/content/ 001234734.pdf

第2章

・労働基準法のポイント
https://jsite.mhlw.go.jp/oita-roudoukyoku/var/rev0/0026/9286/roudokijunhou_pointo_panfu.pdf

・厚生労働省「労働時間制度等に関するアンケート調査結果について（速報値）
https://www.mhlw.go.jp/content/11201250/001194510.pdf

・厚生労働省「労働時間制度」
https://www.mhlw.go.jp/toukei/itiran/roudou/jikan/syurou/21/dl/gaiyou01.pdf

・東京都労働局「しっかりマスター労働基準法割増賃金編」
https://jsite.mhlw.go.jp/tokyo-roudoukyoku/content/contents/000501860.pdf

・みなし労働時間制とは？　メリットとデメリットを教えてください。
https://doda.jp/guide/lesson/020.html

第3章

・我が国の企業のテレワークの導入状況
https://www.soumu.go.jp/johotsusintokei/whitepaper/ja/r05/html/nd24b220.html

・公益財団法人産業雇用安定センター「従業員の「副業・兼業」に関するアンケート調査結果の概要」
https://www.mhlw.go.jp/content/11703000/001145565.pdf

・副業・兼業の促進に関するガイドライン
https://www.mhlw.go.jp/file/06-Seisakujouhou-11200000-Roudoukijunkyoku/0000192844.pdf

第4章

・厚生労働省「年次年次有給休暇の付与日数は法律で決まっています」
https://www.mhlw.go.jp/new-info/kobetu/roudou/gyousei/dl/140811-3.pdf

・厚生労働省「働きながらお母さんになるあなたへ」
https://www.mhlw.go.jp/tenji/dl/file07-02pa.pdf

・都道府県労働局・公共職業安定所（ハローワーク）「育児休業給付の内容と支給申請手続」
https://www.mhlw.go.jp/content/11600000/001374956.pdf
・自民党「男性の育休取得率、初の３割超え」
https://www.jimin.jp/news/information/208944.html
・日本の人事部「介護休業と介護休暇の違い」
https://jinjibu.jp/keyword/detl/760/
・厚生労働省「令和５年就労条件総合調査の概要」
https://www.mhlw.go.jp/toukei/itiran/roudou/jikan/syurou/23/dl/gaikyou.pdf

第５章

・雇用環境・均等局「パワーハラスメントの定義について」
https://www.mhlw.go.jp/content/11909500/000366276.pdf
・ザ・ウィンザー・ホテルズインターナショナル（自然退職）事件
https://www.zenkiren.com/Portals/0/html/jinji/hannrei/shoshi/08937.html
・サッポロビール「飲み会シーズン到来！　社会人1~3年目へ飲み会に関するアンケート調査」
https://www.sapporobeer.jp/news_release/items/0000021323/pdf/20160422questionnaire.pdf
・厚生労働省「職場におけるメンタルヘルス対策の現状等」
https://www.mhlw.go.jp/content/11201250/001236814.pdf
・厚生労働省「監督指導による賃金不払残業の是正結果」
https://www.mhlw.go.jp/bunya/roudoukijun/chingin-b.html
・懲戒処分とは？　種類や選択基準・進め方などを詳しく解説
https://kigyobengo.com/media/useful/371.html
・労働事件 裁判例集「地位確認等請求事件（通称　椿本マシナリー懲戒解雇）」
https://www.courts.go.jp/app/hanrei_jp/detail6?id=80416
・知っておきたい　働くときの基礎知識　第８版
https://www.shakaihokenroumushi.jp/Portals/0/doc/nsec/shakaikouken/2020/V8gakkoukyouzai.pdf
・一般社団法人日本ハラスメント協会
https://x.gd/qBW3u

第６章

・手当にはどのような種類がある？　内容や法律で定められた条件を解説
https://www.yayoi-kk.co.jp/kyuyo/oyakudachi/teate-shurui/
・独立行政法人労働政策研究・研修機構「調査シリーズ No.127 企業の諸手当等の人事処遇制度に関する調査」
https://www.jil.go.jp/institute/research/2014/127.html?utm_source=chatgpt.com
・所得税の計算方法とは？　毎月の給与からの源泉徴収などわかり易く解説
https://pca.jp/p-tips/articles/fl220602.html

・三菱UFJ銀行「控除（所得控除）とは？　意味や種類、控除を受ける方法をわかりやすく解説！」
https://www.bk.mufg.jp/column/others/b0056.html
・給与計算における住民税とは？　市町村によって計算方法が異なる？
https://biz.moneyforward.com/payroll/basic/50483/
・綾瀬市「住民税の税額は、市区町村によって違うのですか。」
https://x.gd/NKwmW
・必ずチェック！　最低賃金！
https://www.mhlw.go.jp/content/11200000/001314791.pdf
・令和５年度　特定最低賃金の審議・決定状況
https://www.mhlw.go.jp/content/11200000/001307445.pdf
・厚生労働省「賃金の改定額及び改定率」
https://www.mhlw.go.jp/toukei/itiran/roudou/chingin/jittai/24/dl/02.pdf
・賞与（ボーナス）とは¦種類や決め方、就業規則の定め方
https://xn--alg-li9dki71toh.com/roumu/salary/bonus/
・賞与の性格と支払義務
https://www.aster-law.net/topics/578
・e-Stat「毎月勤労統計調査　全国調査 / 年末賞与」
https://x.gd/Yj7ap
・e-Stat「毎月勤労統計調査　全国調査 / 夏季賞与」
https://x.gd/OvlPi
・厚生労働省「令和４年版 労働経済の分析」
https://www.mhlw.go.jp/stf/wp/hakusyo/roudou/21/backdata/column01-03-1.html
・公益財団法人日本生産性本部「労働生産性の国際比較2023」
https://www.jpc-net.jp/research/assets/pdf/report2023.pdf

第７章

・協会けんぽの概要
https://www.kyoukaikenpo.or.jp/file/2021081811.pdf
・太陽生命「公的医療保険制度をわかりやすく解説！　種類や仕組みを知ろう！」
https://www.taiyo-seimei.co.jp/net_lineup/colum/basic/002.html
・我が国の医療保険について
https://www.mhlw.go.jp/stf/seisakunitsuite/bunya/kenkou_iryou/iryouhoken/iryouhoken01/index.html
・オリックス銀行「社会保険とは？　概要や種類、健康保険と国民健康保険の違い、雇用保険などを徹底解説」
https://x.gd/v0KnU
・厚生労働省「公的医療保険って何だろう？」
https://www.mhlw.go.jp/file/05-Shingikai-12601000-Seisakutoukatsukan-

Sanjikanshitsu_Shakaihoshoutantou/2-2_5_2.pdf
・厚生労働省「共済組合について」
https://www.mhlw.go.jp/shingi/2005/05/dl/s0525-9g.pdf
・政府広報オンライン「後期高齢者医療制度　医療費の窓口負担割合はどれくらい？」
https://www.gov-online.go.jp/useful/article/202209/1.html
・厚生労働省「国民健康保険制度」
https://www.mhlw.go.jp/stf/seisakunitsuite/bunya/kenkou_iryou/iryouhoken/koukikourei/index_00002.html
・四国電力健康保険組合「保険給付一覧」
https://web.kenpo.gr.jp/yonden-kenpo/contents/sikumi/kyufu/kyufu.asp
・厚生労働省保険局「高額療養費制度を利用される皆さまへ」
https://www.mhlw.go.jp/content/000333279.pdf
・厚生労働省「マイナンバーカードの健康保険証利用のメリット」
https://www.mhlw.go.jp/stf/newpage_22682.html

第8章

・厚生労働省「療養（補償）等給付の請求手続」
https://www.mhlw.go.jp/stf/seisakunitsuite/bunya/koyou_roudou/roudoukijun/gyousei/rousai/040325-14.html
・厚生労働省「精神障害の労災認定」
https://www.mhlw.go.jp/bunya/roudoukijun/rousaihoken04/dl/120215-01.pdf
・心理的負荷による精神障害の労災認定基準の改正概要
https://www.mhlw.go.jp/content/11201000/001140928.pdf
・ICD-10（国際疾病分類）第５章　精神および行動の障害
https://www.mhlw.go.jp/stf/shingi/2r98520000011ncr-att/2r98520000011nq2.pdf
・厚生労働省「労災かくし」は犯罪です。
https://www.mhlw.go.jp/general/seido/roudou/rousai/index.html

第9章

・ハローワークインターネットサービス「基本手当の所定給付日数」
https://www.hellowork.mhlw.go.jp/insurance/insurance_benefitdays.html
・ハローワークインターネットサービス「雇用保険の概要」
https://www.hellowork.mhlw.go.jp/insurance/insurance_summary.html
・厚生労働省「教育訓練給付制度のご案内」
https://www.mhlw.go.jp/content/001155029.pdf
・東京商工リサーチ「倒産件数・負債額推移」
https://www.tsr-net.co.jp/news/status/transition/

・企業倒産数増加傾向に　コロナ禍後の企業淘汰時代
https://ifa-leading.com/ifalt/kigyoutousansuuzouka/

■第10章

・りそな年金研究所「企業年金ノート」
https://www.resonabank.co.jp/nenkin/info/note/pdf/202401.pdf

・厚生労働省「確定拠出年金制度の概要」
https://www.mhlw.go.jp/stf/seisakunitsuite/bunya/nenkin/nenkin/kyoshutsu/gaiyou.html

・企業年金連合会「退職金前払い制度」
https://www.pfa.or.jp/yogoshu/ta/ta25.html

・りそなグループ「確定拠出年金の「個人型」と「企業型」の違いとは？」
https://www.resonabank.co.jp/nenkin/ideco/column/difference-of-individual-corporate.html

・国税庁「退職金を受け取ったとき（退職所得）」
https://www.nta.go.jp/taxes/shiraberu/taxanswer/shotoku/1420.htm

・厚生労働省「令和5年度厚生年金保険・国民年金事業の概況」
https://www.mhlw.go.jp/content/001359541.pdf

・日本年金機構「令和6年4月分からの年金額等について」
https://www.nenkin.go.jp/oshirase/taisetu/2024/202404/0401.html

・日本年金機構「障害年金」
https://www.nenkin.go.jp/service/jukyu/seido/shougainenkin/jukyu-yoken/20150401-01.html

・日本年金機構「遺族年金」
https://www.nenkin.go.jp/service/jukyu/seido/izokunenkin/jukyu-yoken/20150401-03.html

・厚生労働省「社会保障の給付と負担（マクロベース）」
https://www.mhlw.go.jp/stf/newpage_21509.html

●注意

(1) 本書は著者が独自に調査した結果を出版したものです。

(2) 本書は内容について万全を期して作成いたしましたが、万一、ご不審な点や誤り、記載漏れなどお気付きの点がありましたら、出版元まで書面にてご連絡ください。

(3) 本書の内容に関して運用した結果の影響については、上記(2)項にかかわらず責任を負いかねます。あらかじめご了承ください。

(4) 本書の全部または一部について、出版元から文書による承諾を得ずに複製することは禁じられています。

(5) 本書に記載されているホームページのアドレスなどは、予告なく変更されることがあります。

(6) 商標
本書に記載されている会社名、商品名などは一般に各社の商標または登録商標です。

索引

■あ行

■か行

■た行

■さ行

■ま行

■や行

■ら行

■な行

■は行

著者紹介

福田 裕史（ふくだ ひろふみ）

1987年、早稲田大学政治経済学部卒業後、都市銀行に入社。個人営業、法人営業、地域開発プロジェクト、ビジネス・マッチングなどに従事。銀行、証券、信託銀行などグループ横断的なキャリア戦略に係り、若手社員に対するキャリア・デザイン支援から、シニア社員のセカンド・キャリア開拓支援まで、キャリア開発施策を企画・運営。

東京都中小企業診断士会協会中央支部に所属し、スタートアップ企業の伴走型経営支援、中小企業の資金調達や財務健全化支援を中心に活動している。

ビジネス・ブレークスルー大学院修了（MBA）、特定社会保険労務士、中小企業診断士、国家資格キャリアコンサルタント、1級ファイナンシャル・プランニング技能士、メンタルヘルスマネジメントⅡ種

監修者紹介

赤城 正孝（あかぎ まさたか）

経営者の「時間が足りない」という課題を解決する専門家。管理会計と組織戦略の両輪で経営者を支え、将来を見据えた舵取りに専念できる時間を創出する仕組みづくりを得意としている。「中小企業の社外部長」として企業内部に深く入り込み、共に汗を流しながら課題解決に取り組むスタイルが特徴である。

「働く人の活躍を後押しし、企業の未来を支える」をミッションに掲げ、組織全体のパフォーマンス向上や個々の才能を引き出す環境づくりを支援する。特に、管理会計の導入やキャッシュフローの可視化、組織の効率化において豊富な実績を有する。

保有資格には、中小企業診断士、キャッシュフローコーチ、ITコーディネータ、医業経営コンサルタントがある。

正《ただ》しい「働《はたら》き方《かた》」はどっち？

発行日　2025年　4月24日　　　第1版第1刷

著　者　福田《ふくだ》　裕史《ひろふみ》
監　修　赤城《あかぎ》　正孝《まさたか》

発行者　斉藤　和邦
発行所　株式会社　秀和システム
〒135-0016
東京都江東区東陽2-4-2　新宮ビル2F
Tel 03-6264-3105（販売）Fax 03-6264-3094
印刷所　三松堂印刷株式会社　　Printed in Japan

ISBN978-4-7980-7469-6 C0030

定価はカバーに表示してあります。

乱丁本・落丁本はお取りかえいたします。

本書に関するご質問については、ご質問の内容と住所、氏名、電話番号を明記のうえ、当社編集部宛FAXまたは書面にてお送りください。お電話によるご質問は受け付けておりませんのであらかじめご了承ください。